월스트리트에서
가장 성공한
펀드매니저

TRADING WITH THE ENEMY

월스트리트에서 가장 성공한 펀드매니저

니컬러스 W. 마이어 지음 | 김기준 옮김

나무와숲

CONTENTS

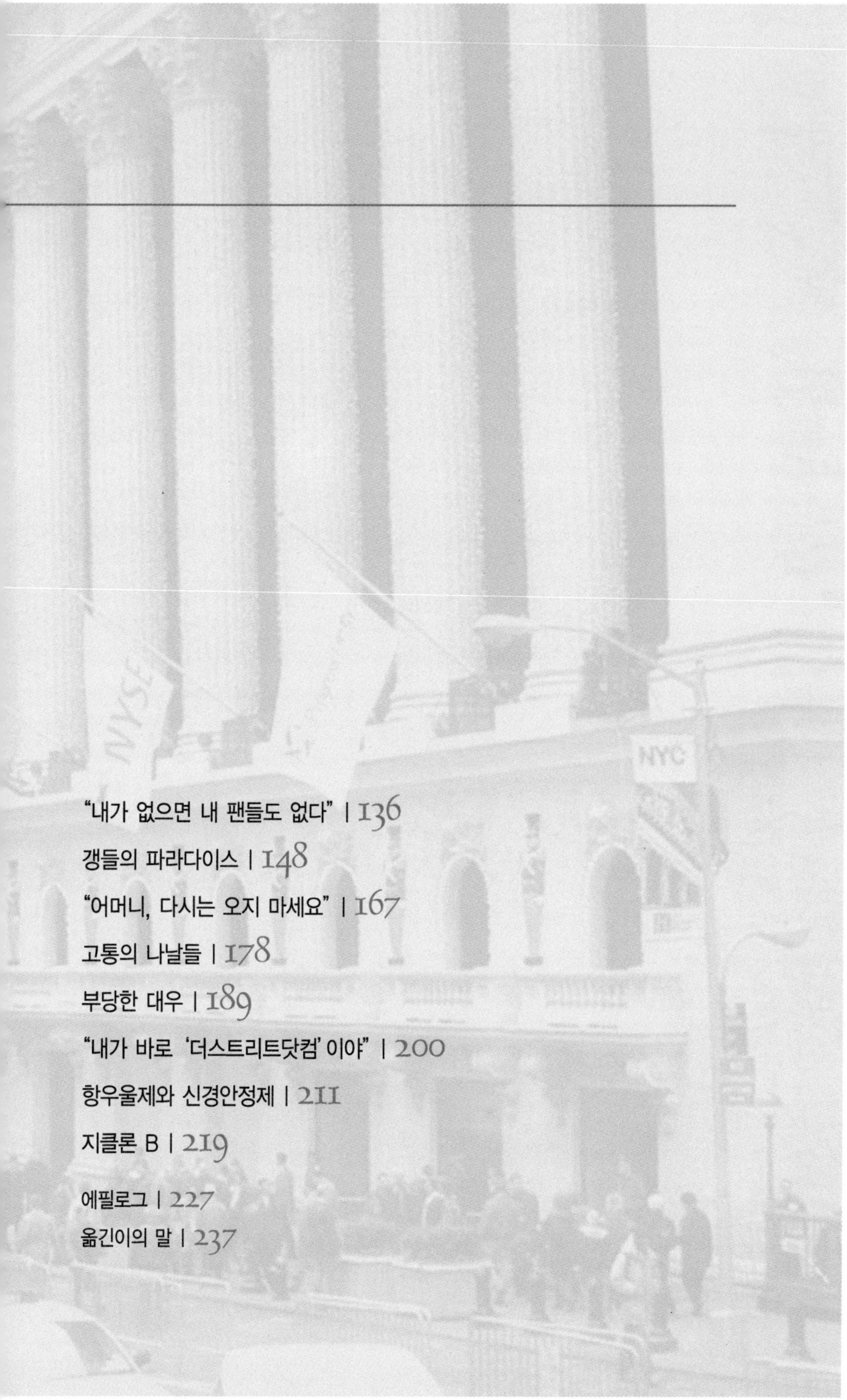
NYC

프롤로그

그해 매사추세츠의 케임브리지에는 겨울이 빨리 찾아왔다. 여섯 달 전에 대학을 졸업한 나는 이렇다 할 계획이나 욕망도 없이 머리가 하얗게 될 때까지 부모님께 얹혀 살 것처럼 지내고 있었다. 이상하게도 과거는 좋았던 일, 나빴던 일 때문에 각기 다른 색으로 채색되어 기억된다. 어느 봄은 더 빛났던 것으로, 또 어떤 가을은 유난히 밋밋하게 기억되는 것이다. 나는 1993년 말, 그때를 유난히 춥고 어두운 때로 기억한다. 길에는 눈이 수북이 쌓였고, 기온은 평년보다 훨씬 많이 떨어졌다.

어느 날 오후, 나는 두꺼운 코트를 걸치고 조그맣고 하얀 우리 집을 나섰다. 깃을 치켜세우고 털모자를 귀가 덮일 정도로 눌러쓴 채 얼어붙은 조용한 길을 따라서 몇 집을 지나 페레츠 씨 댁으로 갔다. 그 집은 1에이커 정도의 넓은 뒷마당이 있다는 것 말고는 주위의 여느 집들처럼 수수했다. 나는 어렸을 때부터 수많은 여름날 밤을 친구 제시와 그의 여동생 보우 그리고 그들이 키우는, 한쪽은 파랗고 다른 한쪽은 갈색 눈인 반딧이라는 시베리안 허스키종 개와 함께 오아시스 같은 그 뒷마당에서 뛰어놀며 보냈다.

초인종을 누르면서 신발에 묻은 눈을 털어냈다. 그날 친구의 아버지인 마티 아저씨가 나를 보자고 했던 것이다.

마틴 페레츠 아저씨는 자신이 사주이자 편집인으로 있는 〈**뉴리퍼블릭**(*The New Republic*)〉이라는 잡지를 통해 자유주의 정책을 주창한 분으로 정치·문화·사회계에 널리 알려진 명망가다.

하지만 내게는 언제나 마티 아저씨였다. 내 어린 시절은 페레츠 가족과 함께 한 유쾌한 일들로 가득하다. 그리고 그러한 기억들이 반딧의 다른 눈 색깔처럼 선명하다. 집 앞 길 건너편에 있는 수양버들 밑에서 제시와 보우와 함께 놀던 일, 마티 아저씨가 우리를 그의 오래된 갈색 지프 체로키에 태우고 프레시 폰드 시네마 극장으로 영화 보러 간 일, 그리고 맛있는 디저트와 상금 20달러가 걸려 있던 밀가

뉴리퍼블릭 _ 1914년 허버트 데이비드 크롤리가 스탠더드 석유회사의 상속녀 도로시 휘트니 스트레이트의 재정적·정신적 지원을 받아 창간했다. 흔히 미국에서 가장 영향력 있고 자유주의 성향이 짙은 잡지로 꼽힌다. 1960~1970년대 월남전 반대 여론을 이끄는 등 지식인들에게 큰 영향을 주었으며, 2000년대에도 이라크 전쟁 반대 등 반전 여론에 앞장서고 있다.

루빵 찾기 말고는 아주 지루하기만 했던 유월절(유대교 3대 축일의 하나)에 초대받았던 일 등등.

마티 아저씨와 아버지의 우정은 그들이 하버드 대학원생이었을 때부터 시작되었다. 그들의 관계는 제시와 보우와 내가 함께 비틀스의 노래를 듣고, 공던지기를 하고, TV를 보던 그런 것보다는 훨씬 지적인 것이었다. 두 분은 대학 시절을 잊지 못하고 대학가에 살 곳을 찾아 눌러앉았다. 마티 아저씨는 정치학을 강의했고, 아버지는 유럽 역사 교수가 되었다.

마티 아저씨는 현관에서 평소처럼 나를 따뜻하게 꽉 껴안은 다음 거실로 안내했다. 우리는 앉아서 침침한 겨울 날씨에 대해서 얘기를 나누었다. 그러다가 아저씨는 내게 출세하고 싶은 야망이 있느냐는 등 대화의 방향을 내 삶의 목표에 대한 것으로 돌렸다. 잠을 늦게까지 자면서 돈도 많이 벌 수 있다면 그게 바로 성공이 아닌가 하는 생각을 잠깐 해보았다.

내가 마티 아저씨를 그저 제시의 아버지이자 이웃 아저씨로만 본다고 한다면 그건 거짓말일 것이다. 나는 이미 그가 보통 이웃 아저씨가 아니라는 것쯤은 알고 있었다. 나는 마티 아저씨의 유월절 파티에서 작가·음악가·정치가 등 별의별 유명한 사람들을 다 만났다. 그의 집은 겉으로 보기엔 검소해 보이지만 집 안 인테리어는 정반대였다. 르느와르·피카소·코로의 진품들이 연한 베이지색 벽에 걸려 있었다. 비싼 이스라엘

산 타일이 중세에 만들어진 나무문들로 나뉘어져 있는 방들의 바닥에 깔려 있었다. 앨 고어의 전화를 받기 위해 통화 중인 사람을 잠깐 기다리게 하는 걸 보면 마티 아저씨의 인맥이 엄청나다는 것을 알 수 있다.

무엇보다도 나는 마티 아저씨를 존경했다. 거짓 없는 친절을 베풀고 오랜 우의로 아버지와는 둘도 없는 친구 분이라는 것도 안다. 언젠가 아버지는 당신이나 어머니에게 만에 하나 무슨 일이 생기면 나와 두 자매가 찾아가야 할 사람은 바로 마티 아저씨라고 말했다. 나는 이것을 더없는 신뢰의 의미로 받아들였다.

나는 마티 아저씨에게 나의 잡다한 관심사에 대해서 얘기했다. 나는 출세에 대한 야망이 별로 없는 문학 전공자들이 흔히 가는 로스쿨을 갈까 했다. 나는 일을 해본 경험도 별로 없었다. 하지만 집 안팎 페인트칠도 해보았고, 셔틀버스도 능숙하게 운전할 줄 알았다. 깊이가 60센티미터밖에 안 되는 물에서 익사할 뻔한 후 포기했지만, 뉴잉글랜드의 휴양지인 넨터켓 만에서 가리비잡이를 해본 적도 있다. 나는 이런저런 이야기를 하다가 최근 주식시장에 관심을 갖게 되었다는 말씀을 드렸다.

나는 여기저기서 조금씩 번 돈을 이자율이 낮은 저축예금 계좌에 예금했으나 루벨크 할아버지에게 간단한 설명을 듣고 나서 그 계좌를 없앴다. 루벨크 할아버지는 내 나이 때

로스쿨 _ 대학 졸업 후에 진학하는 대학원으로 3년제며, 사법시험 응시 자격과 주나 연방 법률 관련 기관에서 응시할 자격을 준다. 미국에는 우리나라와 같이 학부에 법학과가 존재하지 않아 학부를 졸업한 사람은 어떤 분야를 전공했든 상관없이 누구든 지원할 수 있다. 사법고시는 각 주마다의 특성을 살려 실시하고 그 자격의 적용 범위도 서로 다르다.

세인트 주드 메디컬 회사(St. Jude Medical Co.)의 주식 300주를 샀는데, 당시 몇백 달러 정도였던 것이 지금은 백만 달러도 넘는다는 따위의 이야기를 해주었던 것이다. 뿐만 아니라 이익 배당만으로도 매년 1만 달러씩 받았다고 했다.

나는 바로 다음날 은행에 예금했던 돈을 **피델리티**(Fidelity)로 옮겼다. 어느새 나는 여가 시간을 과학 기술과 교통, 보건과 서비스 관련 회사에 대한 기사를 읽는 걸로 보냈다. 신문의 주식 관련 기사를 읽고 TV에서 최고 시청률을 자랑하는 CNBC 방송국 **댄 도프먼**의 해설을 들으면서 기회를 엿보고 있었다. 내 조그만 책장은 금세 투자 관련 잡지로 꽉 채워졌다. 나의 목표는 할아버지의 뒤를 이어 짧은 시간 안에 성공하려는 것이었다.

마티 아저씨는 이 사실에 흥미를 가졌다. 마치 운명처럼 마티 아저씨에게도 증권 시장에서 놀다가 큰 성공을 거둔 친구가 있었다. 그의 이름은 제임스 크레이머였다.

그 두 사람이 처음 만났을 때 제임스(이하 '짐' 이라 약칭)는 하버드 로스쿨 학생이었다. 법에 대한 열정은 있었지만 짐은 다른 길로 점점 빠져들어갔다. 공격적 투자가인 그는

피델리티 _ 1950~1960년대 호황기와 주식투자 붐을 타고 뮤추얼펀드가 거대 산업으로 부상한 시기에 피델리티도 에드 존슨의 지휘 아래 일류 펀드 기업으로 성장했다. 특히 에드 존슨은 당시 투자위원회가 갖고 있던 펀드 운용의 최종결정권을 한 명의 펀드매니저에게 맡김으로써 현재와 같은 펀드매니저 시대를 열었다. 그는 "두 사람이 동시에 한 개의 바이올린을 켤 수는 없다"는 유명한 말과 함께 최초의 '스타 펀드매니저' 제리 차이를 키워냈다.

댄 도프먼 _ CNBC의 코멘테이터이자 미국 최고의 증권 분석가로 제임스 크레이머와 함께 1990년대 월스트리트에서 명성을 날렸다.

마티 아저씨의 자동응답기에 투자 정보들을 남겨 놓았고, 이들 추천 종목 중 하나가 뜨자 마티 아저씨는 꽤 많은 돈을 짐에게 맡겼다. 그 돈은 빠르게 불어났고, 결국 짐과 그의 아내 카렌은 투자신탁회사인 크레이머 앤드 컴퍼니(Cramer & Company)를 만들었다. 그 부부의 회사는 1억 달러도 넘는 거액을 관리하고 있었다. 그해 겨울, 크레이머 앤드 컴퍼니는 7년째 스탠더드 앤드 푸어 500사와 다우사를 월등한 실적으로 앞섰다.

마티 아저씨가 말하는 짐의 성공담을 듣자니 마치 내 이야기를 듣는 듯했다. 짐은 똑똑하고 돈을 많이 벌고 싶어했다. 그는 로스쿨이 그 길일지도 모른다고 생각했지만 며칠 동안 계속해서 소송 문서를 읽고 있을 자신의 미래를 생각하면서 그게 아니다라는 판단을 했다. 증권만이 그의 길이었다. 짐이 몇백만 달러를 번 데 비해 나는 아직 부모님께 얹혀산다는 것을 빼면 우리 둘은 꽤나 비슷한 편이었다. 나는 마티 아저씨 이야기의 마지막 부분이 더 마음에 들었다.

짐은 종종 마티 아저씨가 출판하는 〈뉴리퍼블릭〉에 기고하기도 하는데, 마티 아저씨는 짐과 상의해서 내 취직 자리를 마련할 수 있는지 알아보겠다고 했다. 그렇게 되면 나는 이 바닥 최고의 지도 아래 성공을 가꿀 수 있으니 얼마나 좋은 일인가.

기대에 한껏 부풀어 월스트리트의 귀하신 몸이 된 내 자신을 상상했다. 나는 당장이라도 짐을 싸서 여자 친구 베스에게 날 뉴욕에서 찾을 수 있을 거라고 말해 준 다음 기차를 타고 떠나고 싶었다.

분명 이건 내 일생 일대의 기회였다. 이렇게 인맥을 통해 성공의 기회를 붙잡는 것에 대해 나는 아무런 양심의 가책도 느끼지 않았다. 성공한 사람들을 많이 만나면서 성공은 능력으로만 하는 게 아니라는 걸 알았기 때문이다. 인생은 누굴 알고 무엇을 아느냐에 좌우된다고 해도 지나친 말이 아니다. 어찌 됐든 짐도 마티 아저씨와의 친분으로 엄청난 덕을 본 게 아닌가.

나는 1994년부터 1998년까지 5년 동안 크레이머 앤드 컴퍼니에서 보냈다. 내가 거래에 대해서 배운 것들은 모두 그 회사에서 일하며 터득한 것이다. 내가 짐에 관해 아는 것은 모두 그의 입에서 나온 말들을 통해서였다. 내가 크레이머 앤드 컴퍼니에 있는 동안 짐에 관한 기사는 수백 건도 더 되지만 내가 읽은 건 정작 몇 개 안 된다. 그에 관한 것이라면 매일 12시간씩 매주 5일을 같이 지내는 걸로 충분하고도 남았다.

지금까지 내 머리 속을 떠나지 않는 의문은 왜 그처럼 오랫동안 그 회사에 있었느냐는 것이다. 좀 더 일찍 떠났어야 했음에도 불구하고 애초에 성공하기 위해 무엇이든 하려 했던 넘치는 욕망과 결심 때문에 매달렸던 것 같다. 나는 내가 가진 모든 것을 크레이머 앤드 컴퍼니에 바친 후 마침내 회사에서 쫓겨나면서 1998년 쓰디쓴 결말을 맞이했다.

"22달러 5센트면 하노버 델리 음식을 얼마든지 먹을 수 있다"

"지금 바쁘신데요. 마감 후 다시 전화 주세요."

짐과 통화하려 했을 때 크레이머 앤드 컴퍼니 비서가 말했다.

"회사 끝나고 전화하라고요?"

"아니, 마감 후예요."

"마감이오? 무슨 마감이오?"

"증권 시장이오!"

비서는 그렇게 고함을 지르고는 전화를 끊었다.

나는 이것저것 알아본 다음 오후 4시 15분에 다시 전화를 걸었다. 비서는 "내일 다시 해보세요" 라고 말했다. 그 다음날 역시 마찬가지였다.

일주일이 지난 후 드디어 그와 전화 연결이 되었다.

"이제 잠깐 짬이 있네."

짐의 첫마디였다.

나는 크레이머 앤드 컴퍼니에서 헌신적으로 일할 준비가 되어 있으며, 짐이 왜 나를 고용해야 하는지에 대해 준비한 대사를 달달 외워 두었다. 그러나 짐은 미처 내가 입을 열기도 전에 그럴 필요가 없다고 말했다. 내게 내줄 자리가 없다는 것이다. 우리의 대화 내용은 그저 마티 아저씨의 부탁을 들어주는 정도로 끝났다. 시장 경험이 없는 사람은 회사 운영에 방해가 될 뿐이라는 것이다.

20초 동안 주고받은 전화를 끊고 나서 내 꿈은 그저 한낱 환상에 지나지 않았다는 걸 깨달았다. 나는 마티 아저씨를 만나 얘기하기 전보다 더 절망적이 되었다. 마음속으로 뉴욕 짐 크레이머의 헤지펀드에서 일하게 될 것이라는 생각을 한 뒤로는 직업에 대해 예전에 가졌던 내 아이디어들은 말도 안 되게 따분해 보였다.

물론 짐 크레이머가 어떤 사람인지, 그리고 헤지펀드가 정확히 무슨 일을 하는 건지 몰랐다. 그래도 해볼 만한 일이라고 마음을 굳혔다. 나는 마티 아저씨에게 돌아가 말했고, 아저씨가 말했듯이 오해는 금방 풀렸다. 짐과 직접 만나기로 약속이 된 것이다.

크레이머 앤드 컴퍼니에서 면접을 보았던 1994년 1월은 내가 처음으로 혼자서 뉴욕을 가본 때였다. 앰트랙(AmTrack) 기차를 타고 뉴욕의 펜

역에 도착하자마자 지갑을 양말 안에 쑤셔 넣고 그야말로 죽을 각오를 하고 나갔다. 내가 이 도시에 대해서 아는 거라고는 매일 〈뉴욕타임스〉 메트로 섹션에서 읽은 것이 고작이었다. 내가 도착하기 바로 전날 한 아기가 쓰레기와 함께 버려졌고, 어떤 사람은 달리는 전철 앞으로 밀쳐졌으며, 한 택시 운전기사는 일부러 보행자들을 치고 달아났다는 등. 뉴욕이라는 곳은 처음에 갔을 땐 누가 자기를 죽일까 봐 두려워하다가 며칠 살다 보면 자신이 누굴 죽일까 봐 걱정한다.

비버 가 56번지 쪽으로 가고 있을 때 어두운 하늘에서 눈이 조금씩 흩날렸다. 8층짜리 갈색 벽돌 빌딩의 1층에는 지금은 문을 닫았지만 델모니코(1837년에 생긴 미국 최고급 레스토랑)라는, 품위 있는 마호가니 식탁과 먼지 쌓인 크리스털 샹들리에로 봐서는 꽤나 봐줄 만한 곳이었을 레스토랑이 있었다. 그 빌딩은 다섯 개의 조그만 거리가 만나는 곳, 월스트리트 심장부에 자리잡고 있었다. 교차로에 정문이 있던 그 빌딩은 비버 가와 스톤 가가 교차하면서 생긴 각도에 딱 알맞게 지어진 모양이 마치 파이 조각을 연상시켰다. 고층 빌딩들은 위로 쭉 뻗어 형태가 희미해졌고, 빌딩 코너는 그로 인해 항상 그늘이 졌다. 아버지가 사주신 싸구려 회색 양복을 차려입은 나는 크레이머 앤드 컴퍼니의 벨을 눌렀다. 그때가 새벽 6시 30분이었다.

짐 크레이머는 그의 7층 사무실 문 앞에 나와 악수를 하고는 작고 반짝이는 갈색 눈으로 나를 훑어봤다. 까만색 곱슬머리가 그의 벗겨진 옆

머리를 둘러싸고 있었다. 175센티미터 정도의 키에 체격이 단단한 게 90킬로그램 정도는 되어 보였다. 짐은 땀을 흘리면서 입을 꽉 다문 채 숨을 가쁘게 쉬며 서 있었다. 내가 벨을 누르기 전 사무실에서 이리저리 바쁘게 뛰어다닌 듯했다.

"난 매일 아침 *아주 일찍* 출근하지."

짐이 말했다. 그는 돌아서 나를 데리고 빠르게 자기 이름이 인쇄된 〈뉴리퍼블릭〉 표지가 들어 있는 싸구려 액자들을 지나 낡은 초록색 카펫이 깔린 좁은 복도를 걸어갔다.

"방금 IBM의 CEO인 루 거스트너와 전화 회의를 했지."

그는 손가락을 옷깃 밑으로 넣어 넥타이를 느슨하게 풀면서 말했다. 그때는 몰랐지만, 짐은 그날 아침 내가 일주일 내내 할 일보다도 더 많은 일을 했다는 걸 나중에야 알았다. 우리는 그의 운영 본부로 들어섰다. 긴 U자 모양의 회색 포마이카 책상으로 가득 채워진 조그마한 삼각형 방이었다. 데스크는 여섯 개의 작업 공간으로 이루어져 있었고 각 공간에는 모니터 서너 개와 수화기 두 개, 그리고 신호등이 50개도 넘는 수많은 전화대가 놓여 있었다. 전선은 사방팔방으로 연결되어 있었다.

"여기가 거래하는 방이지."

짐이 말했다. 빈자리에 나를 앉히면서 그도 데스크 머리에 있는 자기 자리에 앉았다. 그의 의자는 아래층 레스토랑 정문 바로 위

루 거스트너 _ 1990년대 들어 고객의 변화에 제대로 대응하지 못해 수십억 달러의 적자를 내는 위기에 처했던 IBM은 1993년 루 거스트너가 회장으로 새로 부임하면서 경영혁신을 통해 오늘날의 번영을 이루게 되었다.

인 삼각형 방의 정점에 있었다. 그의 뒤에는 열리지도 않고 닦을 수도 없는 더러운 창문이 있었다. 벽은 지난 몇 년 동안 페인트칠을 전혀 하지 않은 것처럼 보였다. 벽 여기저기에는 잡지 기사들이 압정으로 꽂혀 있었다. 자세히 보니 모두 다 짐에 관한 기사들이었다.

"난 오자마자 이 의자에 앉아서 밤에 퇴근하기 전까지 계속 있지."

짐은 마우스를 만져서 컴퓨터의 스크린 세이버(화면보호기)를 없애며 말했다. 스크린 세이버는 홍보용 사진 같은 미소를 띤 그의 사진이었다. 앞에 놓여져 있는 서류와 신문, 그리고 시장 데이터를 살피느라 바빠서 짐은 그저 가끔 내 쪽으로 눈길을 돌렸다.

"난 *하루 종일* 이 데스크에 앉아 있지."

"시스템 업데이트를 하면서요?"

나는 짐의 의자 뒤 벽 쪽에 쌓여 있는, 뜯지도 않은 컴퓨터 부품 상자들을 보면서 물었다.

"뭐라고?"

짐은 〈파이낸셜 타임스〉 지를 한 장 넘겼다.

"아니, 새 모니터가……."

하면서 나는 벽 쪽을 가리켰다.

"아, 저것들……."

"제임스 씨, 지금 우리 둘 다에게 어색한 상황인 건 잘 압니다."

나는 불편함과 무엇보다 부담을 느끼면서 말했다. 솔직해서 잃을 건 없다고 생각했다.

"마티 아저씨의 부탁만으로 제게 일자리를 줄 수 없다는 것, 잘 알고 있습니다. 사실 저도 그건 싫습니다."

이 말이 짐의 관심을 끄는 듯했다. 그 순간 기회가 보였다. 나는 계속해서 말했다.

"전 진짜 사장님이 하시는 일에 반했습니다. 그리고 시간만 괜찮으시다면 사장님의 말씀을 듣고 싶습니다."

깜깜한 밤이 환한 낮으로 바뀐 듯했다. 짐은 나를 똑바로 쳐다보면서 큰 미소를 지었다. 그는 자신이 마티 아저씨에게 벌어 준 수백만 달러에 대한 이야기와 함께 마티 아저씨와 어떻게 만나게 됐는지부터 긴 이야기를 시작했다. 그가 자신의 아내 카렌과 헤지펀드를 시작하기 전 골드만삭스의 중개인으로 보낸 나날들에 대해서도 얘기해 주었다. 그는 그날 아침 회의 통화 때 자신이 IBM 사장을 어떻게 도와줬는지도 자세히 이야기했다. 나는 그가 그런 대기업의 사장을 애칭으로 부른다는 사실에 놀랐다. 나는 유력 인사들의 전화번호로 빼곡한 그의 수첩을 떠올렸다.

"*이게* 나의 인생이야."

짐은 두 손을 위로 번쩍 들고 좁은 공간을 둘러보며 말했다.

"나는 주식시장만을 생각하고 또 생각하고, 하루 온 종일 주식시장만 생각하지."

"그러시는 것이 분명 시간 낭비는 아니었군요. 이렇게 성공하셨잖아요."

"난 이제 선수야."

짐은 잘난 체했다. 그때 처음으로 짐이 그런 말 하는 것을 들었다. 하지만 그때가 마지막이 아니었다. 선수란 모든 것이 어떻게 돌아가는지 알고, 많은 돈을 관리하면서 시장을 움직일 수 있는 그런 사람을 말하는 것이었다. 선수는 우리가 귀를 귀울여야 하는 존재였다. 모두 선수가 되고 싶어했지만, 몇 명만이 진짜 그런 존재였다. 한마디로 말해 선수는 월스트리트가 돌아가는 것에 정통한 사람이었다. 나는 즉시 짐에게는 선수가 된다는 것이 굉장히 중요하다는 것을 알 수 있었다.

짐은 그날 아침 나를 엘리베이터까지 바래다주면서 말했다.

"22달러 5센트면 하노버 델리 음식을 얼마든지 먹을 수 있지."

"괜찮은 거래 같은데요."

나는 조금도 망설이지 않고 대답했다. 난 이 바닥에서 일하게 된 것이 한없이 기쁘면서도 불투명한 미래가 두려웠다. 하지만 적어도 기회가 오지 않았는가.

시장이 문을 열려면 아직도 두 시간은 족히 남았다. 그러나 해는 이미 떠 있었고 하늘은 맑았다. 나는 렉싱턴 애브뉴 익스프레스(Lexington Avenue Express) 정거장에서부터 쏟아지는 직장인들의 물결과 반대되는 방향으로 J.P. 모건 빌딩과 뉴욕 증권거래소를 지나 트리니티 교회로 걸어갔다. 다른 관광객들처럼 풍경에 스며든 채 나는 월스트리트에 와 있었다. 하지만 관광객이 아니었다. 나는 그곳에 속해 있었다.

"난 하느님보다 부자야"

"22달러 5센트는 내가 처음 세상에 나와서 벌기 시작한 돈보다 훨씬 더 많은 돈이지."

짐은 그날 아침 내가 엘리베이터에 올라타는 순간 그렇게 말했다. 나는 그곳에서 한 시간 가량을 그가 자신의 대단한 업적에 대해 열변을 토하는 걸 들어야 했다. 우리 사이에 있는 문이 닫힐 때 그는 입이 귀에 걸릴 정도로 씩 웃으면서 한마디 덧붙였다.

"이제 나는 하느님보다 부자야."

나는 그 말을 짐이 자기는 백만장자라고 하는 말이려니 생각했다. 결국 나는 2만 2000달러를 단 일년 안에 어떻게 쓸 것인지 생각해 내지는 못했다.

내가 짐의 부에 대해 어리석을 정도로 보수적으로 생각하고 있었다는 걸 안 것은 월스트리트에 온 지 얼마 안 되어서였다.

헤지펀드를 운영하면서 돌아올 이익을 평가하려면 먼저 헤지펀드가 뭘 하는 곳인지부터 이해해야 한다. 헤지펀드는 단지 투자회사일 뿐이다. 이 회사의 목표는 다른 투자회사들처럼 돈을 버는 것이다. 헤지펀드가 다른 투자회사와 다른 점은 딱 한 가지, 장사하는 방법이 다르다는 것이다.

뮤추얼펀드를 생각해 보자. 우리는 돈을 굴리기 위해 피델리티, 제너스, 앨리안스 아니면 모든 신문의 기업란 마지막 몇 페이지를 채우는 수많은 뮤추얼펀드에 돈을 맡길 수 있다. 거기에는 보통 몇백에서 몇천 달러에 해당하는 최저 투자 한도액이 있다. 또한 과학 기술이나 보건 같은 부문이나 기업 가치나 성장 속도 같은 투자 기준을 정할 수도 있다. 펀드사의 고객 자산 운용 방법은 대개 그 회사의 연차계획서에 설명되어 있다.

대다수의 뮤추얼펀드는 상대적으로 엄격한 규정을 지킨다. 예를 들어 뮤추얼펀드는 대부분 공매(空賣)를 못하게 되어 있다. 공매를 한다는 것은 가지고 있지도 않은 주식을 먼저 파는 것을 말한다. 증권회사가 다른 사람의 계좌에 있는 주식을 당신에게 빌려 준다, 그러고는 빌린 주식을 나중에 전보다 싼값으로 사서 돌려주면서 그 차액을 챙기는 것이다. 약간 뒤바뀌었을 뿐, 보통 매매와 같다고 생각하면 된다. 주식을 먼저 높은 가격에 팔고 그 다음에 낮은 가격에 그 주식을 사는 것으로 상황은 종료된다. 간단히 말해서 공매는 주가가 떨어지는 주식에서 이득을 보는 방법의 하나다.

공매에 대한 규정 말고도 일반 투자자들의 위험을 방지하기 위해 뮤추얼펀드는 다른 법과 규정의 규제를 받는다. 현재의 자산을 담보로 빌린 돈을 이용해 실제 자산보다 큰 규모의 투자를 하는 행위는 금지되어 있다. 어떤 경우에는 펀드사가 보유한 전체 자산 가치를 조금이라도 초과하는 투자 행위를 금하고 있다. 뮤추얼펀드는 대다수의 사람들이 책임감 있는 투자라고 여기는 수준의 지침 아래 운영된다.

전형적인 뮤추얼펀드는 공매매의 반대인 실물 거래를 하게끔 되어 있다. 실물 거래는 거의 모두 하는 식, 다시 말해 우리가 고른 주식이 오를 거라는 전제 아래 하는 거래를 가리키는 말이다. 펀드는 좋다고 생각되는 회사의 주식을 사들이고 무엇보다 전체 시장의 단기 변동을 무시한다. 뮤추얼펀드의 관리자들은 결국 시세를 보는 사람이 아닌, 주식을 골라 주기 위해 고용된 사람이다.

한편 헤지펀드에서는 거의 아무 거나 다 한다. 헤지펀드의 헤지(hedge)는 양쪽 다 건다는 뜻으로, 헤지펀드의 원래 목적에 딱 들어맞는다. 헤지펀드는 실물 거래와 공매를 동시에 할 수 있게끔 하려는 데서 시작됐다. 어떤 이들은 이것을 시장 중립적 전략이라고도 한다. 최초의 헤지펀드는 어떠한 경제 환경에서도 시장이 기능할 수 있도록 하려는 의도가 있었다. 따라서 투자관리자는 시장 하락세나 상승세에 관계없이 돈을 벌 수 있었다.

하지만 헤지펀드는 원래의 취지와 달리 변질되었다. 요즈음 헤지펀드의 운용 실태를 보면 시장 중화 역할이나 (가격의 급격한 변화를 막는) 헤징 역할은 하지 않고 자유로운 영업 여건을 이용해 돈벌이에만 치중하고 있다. 헤지펀드는 심지어 특정 국가나 통화, 산업, 아니면 개별 주식을 집중 공략하기도 한다. 공매를 하든 실물 거래를 하든 헤지펀드는 돈만 된다면 뭐든 한다.

헤지펀드는 원래 유한합자회사로서 일반적인 공공 뮤추얼펀드와 달리 민간 법인이다. 헤지펀드에는 명망 있는 투자자만 참여할 수 있기 때문에 헤지펀드의 파트너는 일반 개인이 할 수 없는 투자 행위를 할 수 있다. 쉽게 말해 증권감독위원회가 헤지펀드를 통해 짐 크레이머 같은 부자에게 그들이 가진 돈으로 뭐든 할 수 있게 허용했다는 말이다.

헤지펀드의 투자 행태는 너무 공격적이어서 평생 모은 돈을 굴려 보려는 보통의 엄마 아빠에게는 위험천만이다. 또한 뮤추얼펀드와 달리 증권감독위원회의 감독이 소홀하다는 점도 중요한 특징이다.

증권시장에서는 위험 없이는 소득도 없으며, 이러한 점에서는 뮤추얼펀드나 헤지펀드나 다를 바 없다. 헤지펀드의 경우, 뮤추얼펀드에서는 할 수 없는 공격적 투자를 하기 때문에 돈을 훨씬 더 잘 번다.

그러나 조지 소로스 같은 귀재가 없었더라면 헤지펀드가 오늘날과 같이 번창하지 못했을지도 모른다. 그러한 선구자들이 투자자들에게 큰돈을 벌어 주었기 때문에 그 뒤를 따라 많은 사람들이 헤지펀드에 투자하게 된 것이다. 물론 소로스가 가장 많은 돈을 벌어 준 사람은 자기 자신이다.

대부분의 뮤추얼펀드는 수수료를 적게 받는다. 따라서 투자 관리에 대한 직접적인 대가가 매우 적다. 투자자가 이탈하고 시장 상황이 악화되면 수입이 격감하게 마련이다. 반대로 시장이 좋아지고 실적이 호전되면 투자 자산은 늘어나고 수입도 늘어난다. 뮤추얼펀드의 규모가 **피델리티 마젤란 펀드**(Fidelity's Magellan)' 처럼 1천억 달러에 이르면 0.75%라는 수수료율도 엄청난 수입이 된다.

이와 반대로 헤지펀드는 이익금의 1%를 운영비로 취하며 20%를 성과급으로 챙긴다. 어떤 헤지펀드는 이익금의 50%를 챙기기도 한다. 그러나 크레이머 앤드 컴퍼니는 이보다는 원칙적으로 운영된다. 헤지펀드는 투자자들에게 "고객이 돈을 벌어야 우리도 법니다" 라고 한다.

사실이 그렇다. 어느 한 해 시장이 좋아서 돈을 벌었다 하자. 예를 들어 20%의 성과 수수료를 받는 헤지펀드가 1억 달러의 수익을 올렸다면, 그 회사는 2000만 달러의 수익금을 챙기고 펀드매니저는 그 돈의 20%인 400만 달러를 가진다. 즉, 관리 수수료 100만 달러에다 400만 달러의 성과급을 가져간다는 것이다. 이 정도면 천재가 아니라도 이 업종이 얼마나 돈을 잘 버는지 알 수 있을 것이다.

피델리티 마젤란 펀드 _ 피터 린치라는 전설적인 펀드매니저가 운용했던 펀드로, 수익률이 2700%를 기록한 적도 있다.

증권시장이 역대 가장 활황이었던 1990년대에 헤지펀드의 수는 기하급수적으로 늘어났다. 예를 들어 당시 작은 규모라 할 수 있는 1억 달러 규모의 헤지펀드사의 경우, 1999년 나스닥 지수가 다시 올랐을 때 80%의 수익을 올릴 수 있었기 때문에 펀드매니저는 1600만 달러를 가져갈 수 있었을 것이다. 크레이머 앤드 컴퍼니를 포함한 많은 헤지펀드사의 규모가 이보다 훨씬 크고 수익률도 높았기 때문에 이보다 훨씬 더 많은 돈을 벌었다는 것을 쉽게 알 수 있다. 그 주위에 사는 분석가, 시장 중개인은 물론 정부도 돈(세금)을 벌었을 것이다.

그러니 헤지펀드를 해볼 마음이 생길 만도 하다. 문제는 투자자를 모으는 일이다. 당신을 믿고 돈을 맡길, 정말 돈 많은 투자자가 있어야 한다. 헤지펀드는 유한회사다. 따라서 투자자의 수가 제한될 수밖에 없다. 당신이 아는 모든 친척에게서 1000달러씩 걷어도 10만 달러를 넘기기 어렵다. 이걸로 100%의 수익을 올려도 수입은 겨우 10만 달러, 관리 수수료와 성과급을 합해야 1만 1000달러에 불과하다. 맨해튼에서 그 돈은 주차비도 안 된다.

따라서 최소 몇십만 달러 규모의 돈을 맡길 수 있는 사람이어야 하는데, 대개 이 동네에서는 1000만 달러를 헤지펀드의 최소 규모로 보고 있다. 이제 얼마나 많은 투자자가 필요한지 셈이 나올 것이다. 이보다 작은 규모로도 시작은 할 수 있지만 1000만 달러 정도가 되어야 연간 50만 달러 가량 벌 수 있다는 계산이 나온다. 이 정도 되어야 BMW도 굴릴 수 있으니 말이다. 이렇게 시작해서 한두 해 지나면 규모가 커지게 마련이다.

짐이 헤지펀드를 시작할 당시에는 마티 아저씨가 주 투자자였다. 다른 부자들과 마찬가지로 마티 아저씨는 자기 친구를 소개시켜 주었다. 짐도 골드만삭스에서 중개인으로 몇 해 일한 경험이 있어 부자 중의 부자들을 잘 알고 있었다. 1000만 달러가 없으면 골드만삭스에 전화하지 말고 5000만 달러가 있어도 전화 회신을 기대하지 말란 이야기가 있을 정도로 부자들이 들끓는 곳이기 때문이다.

마티 아저씨와 친구들 그리고 몇몇 고객들 사이에 짐의 능력은 이미 잘 알려져 있었다. 그렇게 크레이머 앤드 컴퍼니는 시작되었다. 1994년 내가 갔을 때 짐이 운영하던 자산 규모는 1억 5000만 달러였지만, 1998년에는 4억 달러로 불어났다. 당시 짐은 700만~800만 달러의 보너스를 벌었으며, 그 돈 대부분을 헤지펀드에 투자했다. 짐이 번 돈을 합하면 요즈음 아무리 돈 가치가 떨어졌다고 해도 정말 어마어마한 액수가 아닐 수 없다.

그러니 짐의 재산은 그와 만난 첫날 추측한 것에 0을 한두 개 더 붙여야 할 판이다. 아마 짐은 하느님보다 부자일 것이다.

여우 소굴에서

일자리를 구하고 몇 시간이 지난 후, 나는 아파트 중개인을 따라 맨해튼에서 '그나마 싼' 곳(이후에 없어진 곳이긴 하지만)을 알아보기 위해 여기저기를 돌아다녔다. 보기로 한 첫 번째 오피스텔에 들어갈 때쯤 나는 이미 예상했던 금액의 두 배는 내야 할 것이라고 마음먹었다. 오피스텔을 보았을 때, 그곳은 내가 기대했던 것의 반에도 미치지 못했다.

오피스텔은 이스트 휴스턴에 위치해 있었다. 오피스텔이 면한 길은 2차선 도로였는데, 횡단보도가 고속도로보다도 넓고 더 시끄러웠다. 부동산 중개인은 그곳을 "모든 면에서 편리한 곳"으로 꼽았다. 건물 로비에서 나는 오줌 냄새에 대해서도 의기양양하게 "여긴 집주인이 청소할 거예요"라고 말했다. 어두운 방 중간쯤에 커다란 바퀴벌레가 뒤집혀져 있는 것을 보니 금방 소독을 한 것 같았다.

"이게 웬 떡이야!"

나는 대답했다. 맨해튼에서 괜찮은 아파트를 찾으면 그곳을 확보하기 위한 자금을 아주 짧은 시간 안에 마련해야 한다. 나는 고속도로변에 위치하지도 않고 로비에 오줌 냄새도 나지 않으며 바퀴벌레 흔적도 없는 아파트에 가까스로 도착하기 전만 해도 중개인이 한 말들이 거짓말일 거라고 생각했다.

그런데 그 방은 내가 수표를 쓸 펜을 찾기도 전에 이미 물 건너가 버렸다. 누군가가 나보다 먼저 그 방을 건진 것이다. 나는 아파트를 알아봐 준 대가로 중개인에게 점심을 사준 후 다시 아파트를 찾아 나섰다. 며칠 후 나는 마침내 그 중개인 아주머니에게 1년 집세의 15퍼센트를 내는 특권을 갖게 되었다.

내 조그만 방은 39번가와 머레이 힐(Murray Hill) 안의 렉싱턴 애비뉴 코너에 있었다. 그 방은 1층에 있어 밖에서 실내가 훤히 들여다보였다. 블라인드를 올릴 때마다 지나가는 행인들이 쳐다보았는데, 그들은 나의 몇 가지 안 되는 가구들과 포스터, 그리고 작고 지저분한 부엌을 보고 뭐라고 주절거렸다. 나는 동물원 우리 안에 갇힌 동물들의 심정을 이해할 수 있을 것 같았다. 소음 또한 끔찍했다. 베스가 처음 전화를 걸었을 때, 그녀는 내가 왜 공중전화에서 전화를 받는지 궁금해했다. 나는 소방차가 지나갈 때 "이거 우리집 전화야!"라고 소리쳐야만 했다. 보통 밤마다

창 밖에서는 자동차 도난 방지 경보 말고도 망치질 소리가 계속해서 들리는 듯했다.

여기서 더 이상은 나빠질 수 없다고 생각하고 있을 때였다. 어느 날 오후 집으로 돌아오는 길에 우리 동네의 예상치 못했던 또 다른 매력(?)을 발견했다. 렉싱턴에서 42번가 인도로 걸어가는 곳이 사람들로 꽉 막혀 있었다. 사람들이 소리치고 고함을 지르면서 피켓을 치켜들었다. 그 무리를 뚫고 우리 집까지 오는 데 30분이나 걸렸다. 나는 쿠바 대표부 바로 옆에서 살고 있었던 것이다. 미국으로 온 쿠바 사람들의 절반은 우리 아파트 앞에 나와 있는 듯했다. 그곳에서는 거의 일주일에 한 번씩, 그것도 하필 일요일 오후 낮잠을 자는 시간에 시위가 벌어졌다.

어느 날 아침, 전기톱 소리로 불편한 오후를 보내고 5시 30분쯤 푸통(일본식 매트리스)에서 일어났다. 22달러 5센트를 벌 시간이었다. 나는 단 한 벌뿐인 양복을 차려입고 전철을 타고 도시로 첫 출근을 하기 위해 그랜드 중앙역을 향해 몇 블록을 걸어갔다. 길에서 전철로 가는 좁은 계단 입구에서는 인파가 끊임없이 물결처럼 쏟아졌다. 나는 실수로 출구에서 있었나 하는 생각에 옆으로 비켜서 있다가, 한 용감한 사람이 밀려드는 인파의 물결을 뚫고 갈 때야 비로소 뒤에서 따라갔다.

나는 전철표를 사면서 매표소 직원에게 전철 시간표가 있는지 물었다. 그러자 그 여자는 밑에 내려가서 기다리면 언젠가는 전철이 올 것이라고 말했고, 그녀의 말이 맞았다.

오전 6시 30분, 짐이 고통스러운 표정으로 사무실로 들어서는 문을 열었다.

"다음에는 자네가 직접 열고 들어오게."

그는 돌아서서 복도를 지나 자기 자리로 서둘러 갔다. 그는 비서를 지나치면서 말했다.

"저 친구 좀 돌봐줘."

짐이 자기 자리로 돌아가는 동안, 나는 함께 일할 사람들 한 명 한 명과 인사를 나눴다.

"내 방으로 와요."

짐 회사의 연구 담당 이사인 제프 베르코위츠가 안으로 안내하면서 말했다.

제프는 182센티미터 정도의 키에 짧은 갈색 머리의 젊은 사람으로 후줄근한 청바지에 검은색 폴로 셔츠를 입고 있었다. 나는 그가 짐의 오른팔이라는 것을 이미 알고 있었다. 마티 아저씨와 짐은 각각 그를 '일류급', '날쌘돌이'라고 표현하며 간접적으로 그러한 사실을 암시했다.

"혼자 쓰는 사무실은 내 거 하나뿐이죠."

그가 구찌 신발을 신은 발을 책상 위에 올려놓으면서 말했다.

"짐조차 자기만의 사무실이 없죠.……그래, SAT(대입수능시험) 점수와 학교 성적은 어땠어요?"

내가 대답하기도 전에 제프는 자신의 과거를 구체적으로 얘기하기 시작했다. 그는 골드만삭스에서 기술분석가인 댄 벤턴 밑에서 일했다. 짐은 제프가 컬럼비아대학교에서 MBA 과정을 마칠 때쯤 그를 채용했다. 여름 한철 짐 밑에서 일한 대가로 받은 보너스는 3만 달러였다. 그날 밤 그는 아주 값비싼 취향을 갖고 있는 아름다운 금발의 여인과 데이트를 하러 나갔다. 그쯤 되면 그런 게 전혀 문제되지 않는다고 했다.

보통 사람들은 이 정도에 감명을 받는다. 솔직히 말해 나도 감명을 받았다. 제프를 처음 만났을 때, 그에게서 내가 되고 싶은 사람의 모습을 보았던 것이다. 그는 나보다 키가 10센티미터는 컸고, 그가 말했듯이 훨씬 부자였으며, 더 성공했다. 누구는 크레이머 앤드 컴퍼니에 인턴보다 조금 높은 자리로 채용되었을 때 제프는 이미 세상 꼭대기에 있었다.

어쨌든 제프가 가지고 있는 것들 중 내가 진짜로 원한 것은 물질적인 것들보다는(마다하지는 않겠지만) 그의 직위였다. 나와 나이 차이도 거의 나지 않는 그에게는 매일 수백만 달러의 투자를 결정하는 역할이 맡겨졌다. 마티 아저씨와 짐이 그렇게 제프에 대한 신뢰감을 나타냈다는 사실이 무엇보다 부러웠다.

제프가 나를 내보낸 다음에는 비서가 나를 데리고 데스크 주위를 돌아다니며 거래인들에게 소개시켜 주었다. 책임자는 마크 칸토라는 키가 작고 두꺼운 안경을 쓴 40대 중반의 남자였다. 그는 우스꽝스러운 격자무늬의 골프 바지와 튀는 초록색 셔츠를 입고 있었다.

처음부터 마크는 친절했고 진실해 보였다. 그는 내게 몇 가지 질문을 했는데, 내 대답에 흥미를 보이는 것 같았다. 마크는 사무실에서 유일하게 농담을 하는 사람이었는데, 자기가 농담해 놓고 자기가 웃었다. 그는 내가 앉을 의자를 가져다 주면서 자기가 일하는 것을 구경해도 좋다고 했다. 그러면서 기본적인 몇 가지를 설명해 주었다. 예를 들어 매수 호가와 매도 호가의 차이, 그리고 주가 읽는 법 등이었다. 주문을 한 후 마크는 증권 시세판에 나타나는 거래 상황도 보여 주었다.

"방금 세상 모든 사람들이 우리의 거래를 보았어!"

마크가 외쳤다. 나는 운동했을 때 일어나는 흥분을 느꼈다.

"꼭 우리가 TV에 나오는 기분이야!"

"어떤 기분인데요?"

내가 물었다.

"언젠가는 알게 될 거야. 하지만 현재로서는 이 정도로 만족해야지 뭐."

마크가 마구 웃기 시작했다.

"난 지금 바빠."

옵션 매매 중개인인 샐 실러스(Sal Schillace)는 내가 그 쪽으로 가자마자 말했다. 그는 힘들여 손을 뻗었고, 나는 땀에 젖은 그의 손을 잡고 악수했다. 샐은 다시 인터넷으로 얼굴을 돌렸다. 그는 짙은 머리카락을 앞으로 내리고 있었는데, 입고 있는 옷은 시어스 백화점 카탈로그에서 본 듯한 것이었다. 샐의 책상은 각종 스포츠팀 잡동사니들로 꾸며져 있었다. 마치 열 살 때의 내 방을 기억나게 했다.

"레인저스(샌디에이고 미식축구팀) 팬이시군요?"

그 질문밖에는 할 말이 없었다.

"당연하지."

"그렇군요."

내가 대답하고 있을 때 비서가 얼른 나를 데리고 나갔다. 마침내 제프와 짐이 '사무원'이라고 부르던 클라크 롱웰을 만났다. 진지하고 조용한 태도와 흰머리 때문에 그는 실제 나이보다 훨씬 더 들어 보였다. 텍사스 주 출신의 클라크는 사투리를 심하게 썼다.

"내 진짜 이름은 클라크가 아니오."

그는 나만 알아들을 수 있을 정도의 낮은 목소리로 말했다.

"그래요?"

"그래요. 내 진짜 이름은 래리예요. 하지만 여기서는 모두 클라크라고 부르지요. 당신도 그냥 클라크라고 부르세요."

"알았습니다, 클라크 씨. 하지만 왜 그러죠?"

"회사에서 내가 여기서 일하는 대신 래리라는 이름을 쓰면 안 된다고 그랬기 때문이라오. 예전에 래리라는 동업자가 있었는데 사이가 나빠져 끝났나 봅니다."

어느 누구도 짐이 '거래의 여신'이라 부르는 그의 아내 카렌 크레이머를 빼놓고 크레이머 앤드 컴퍼니에 대해서 이야기할 수 없다. 카렌은 짐을 만나기 전에 마이클 스타인하드가 운영하는 헤지펀드에서 중개인으로 일했다.

카렌은 매우 침착한 사람으로 보였다. 남편과는 아주 대조적이어서 그런 성품을 쉽게 알아차릴 수 있었다. 짐이 약간 저돌적이고 야성적이라면 카렌은 계산적이고 침착했다. 두 사람은 마치 저울처럼 평형을 이루는 좋은 한 쌍이었다. 나는 그녀의 온화한 모습이 결코 약점이 아니라는 것을 바로 알았다. 짐과 마찬가지로 그녀도 '쓸데없는 예절 차리려고 내 시간 낭비하지 마'라는 식의 강렬한 눈빛이었다.

"짐이 그러는데 투자 경험이 아주 많다면서요, 그렇죠?"

카렌이 모든 사람들 앞에서 말했다.

나는 "보통입니다"라고 농담을 던졌다. 그 방에서 웃은 사람은 오직 마크뿐이었다.

"워렌, 당신은 자신이 장기 투자가라고 보나요, 아니면 단기 투자가라고 보나요?"

카렌이 계속해서 물었다.

"내가 나를 장기 투자가로 보느냐, 아니면 단기 투자가라고 보냐고요?"

나는 시간을 끌기 위해 질문을 되풀이했다. 나는 자라면서 할아버지의 영향을 많이 받았지만 할아버지의 인내심만은 배우지 못했나 보다. 돈을 초고속으로 벌겠다는 욕심 때문에 무엇이든 금방 바꾸곤 했다.

"보통 몇 달 정도밖에 주식을 갖고 있지 못해요. 그러니까 단기 투자가인 셈이죠."

마침내 그렇게 대답하자, 데스크에 있는 사람들이 모두 웃기 시작했다. 카렌은 그러니 내가 장기 투자가인 셈이라면서 나갔다. 그녀는 둘째 아이 엠마를 임신 중이었는데, 8개월째였다. 나는 카렌이 일어난 자리에 앉았다.

자리에 앉아 소개받은 사람들을 둘러봤다. 왼쪽으로 90센티미터 정도 떨어진 곳에 클라크가 있었다. 바로 그 옆에 마크가 있었고, 내 오른쪽에는 제프가 앉아 있었다. 그 옆에는 샐이 있었다. 그런 식으로 사무실 사람들은 원을 그리고 앉아 있었는데, 내 바로 맞은편에는 짐이 앉아 있었다.

이 다섯 명이 나중에 내 인생에서 여자 친구나 가족보다도 더 큰 부분을 차지할 것이라는 생각이 들었다. 나는 이제껏 그 누구보다도 그들과 많은 시간을 보내야 했다. 그 후 5년 동안 그들과 사적인 대화는 거의 나누지 않았다. 나만의 공간이라는 것도 과거의 일이었다. 우리 모두 아침 · 점심 · 저녁을 이 좁은 방에서 해결했다.

짐이 처음 만났을 때처럼 자기 모니터 앞에 붙어 있는 것을 보면서 내가 만에 하나 업무를 배우는 데에 부진하면 그의 관심 밖으로 밀려나리라는 걸 알았다. 거의 눈에 띄지 않는 존재가 될 것이다. 얼마나 자주 그렇게 될지는 몰랐다.

개장 벨이 울리고 나서 몇 시간 후, 짐은 잘못된 거래 때문에 화가 났다. 그는 인텔 주식 5000주 사는 일을 마크에게 맡겼고, 마크는 수화기를 들고 중개인에게 그대로 전했다. 잠시 후 중개인이 마크에게 전화를 걸어 결과를 말하자, 마크는 그것을 짐에게 보고했다.

"인텔 5000주를 25센트에 샀습니다."

나중에 안 일이지만 경우에 따라서는 시간을 절약하기 위해 가격의 일부를 생략하고 말하기도 하는데, 그것이 화근이었다.

"말도 안 돼!"

짐이 말했다.

마크는 수화기를 들고 중개인에게 값을 다시 물었다.

"25센트인데요."

마크가 다시 한 번 말했다.

"그럴 리 없다고 말했잖아! 그 주식은 자네가 전화했을 때 매도 호가가 12.5센트였다니까."

짐이 입술을 꽉 다물고 눈을 가늘게 뜬 채 말했다.

"그게……."

마크는 그 상황을 어떻게 처리해야 할지 모르는 것 같았다. 샐도 짐과 같은 표정을 짓고 있었다. 클라크는 머리를 숙이고 계산기로 평균값을 구하고 있었다. 제프는 일어나서 자기 사무실로 들어갔다.

"뭐라고 말 좀 해봐!"

짐이 이성을 잃고 갑자기 일어섰다.

"우리가 전화 주문했을 때에는 호가가 12.5센트였단 말이야!"

짐은 그 주식을 12.5센트 더 싸게 샀어야 했다고 확신하고 있었다. 그 차액은 625달러였다.

"그 중개인이 우리를 속인 거야, 완전히!"

"12.5센트 매도 주문은 우리가 전화했을 때 이미 소진되고 있었습니다."

마크가 설명했다.

'소진된다'는 것은 12.5센트에 팔려고 나온 주식이 짐이 주문하라고 시켰을 때 이미 빠른 속도로 매도되고 있었다는 뜻이다. 그렇기 때문에 짐은 진작에 사고 싶어했다. 사람들이 주식을 사가는 것을 보았던 것이다. 마크는 중개인이 25센트에 거래를 성사시킨 것은 정당하다는 태도를 굽히지 않았다. 짐이 주먹을 불끈 쥐면서 아랫입술을 꽉 깨물었다. 그는 마크에게 가까이 다가가기 위해 몸을 앞으로 살짝 숙였다. 그러고는 마크의 모니터를 내리치기 시작했다. 짐이 고함을 지르자 그의 벗겨진 머리가 빨개졌다.

"그놈들이 우릴 속인 거야! 속인 거라구! 속인 거야!"

짐은 손으로 얼마 남지 않은 자기 양 옆머리를 쥐어뜯기 시작했다. 그러고는 양철 쓰레기통을 발로 찼다. 쓰레기는 바닥에 쏟아지고 쓰레기통은 방 끝으로 날아갔다. 꽝 하는 소리와 함께 쓰레기통이 벽 쪽으로 떨어지면서 옆이 찌그러졌다. 모두 쥐죽은 듯이 잠잠했다.

"내 말 잘 들어!"

짐은 날카로운 눈빛으로 잔뜩 긴장한 우리 얼굴을 하나하나 들여다보왔다.

"이건 애들 장난이 아니야!"

그가 침까지 튀기면서 소리를 질렀다.

"우리는 지금 전쟁터에 있어. 여우 소굴에 있다는 것을 명심하란 말이야!"

짐은 양손을 뻗었다.

"이 바닥에서는 모두가 우리의 적이란 말이야!"

마크는 짐에게 잘 알았다는 듯이 머리를 끄덕였다. 하지만 짐이 원한 건 그런 것이 아니었다. 그는 전화기를 계속해서 앞에 있는 책상에 내리쳤다. 결국 전화기는 바닥에 떨어져 산산조각이 났다.

"우리는 전쟁터에 있어! 우리는 여우 소굴에 있는 거라구. 모두 적이란 말이야!"

*"빌어먹을
거래 전화를
받으란 말이야!"*

뉴욕에서 혹독한 신고식을 치른 후, 나는 여러 가지 일에 빠르게 적응해 갔다. 되풀이되는 쿠바인들의 시위는 이제 스페인어 연습을 할 수 있는 좋은 기회가 되어 주었다. 전에는 그랜드센트럴 역 계단에서 앞 사람을 따라 겨우 인파를 뚫고 갔으나 이제는 내가 머리를 디밀어 다른 사람들이 따라올 수 있도록 길을 열어 주었다. 망치질 소리도, 자동차 클랙슨도, 그리고 소방차 소리도 모두 섞여 파도가 해변에 부딪치는 소리처럼 들렸다.

또한 크레이머 앤드 컴퍼니에서는 그 어떤 규칙보다 중요한 한 규칙에 충실해야 한다는 것을 일찌감치 깨달았다.

매일 아침 거래실 문을 통과해 내 자리에 앉는 순간 '나' 라는 존재는 없어져야 한다는 것이다. 짐이 먼저 말을 걸기 전에는 아무도 말하지 않았다. 짐이 퇴근하기 전에는 아무도 퇴근하지 않았다. 그의 사인 없이는 단 한 사람도 따로 행동하지 못했다.

나는 그런 예들을 보면서 금방 언제 무엇을 해야 하는지를 배웠다. 우리에겐 각자 맡겨진 역할이 있었고 거기까지만 해야 했다. 이곳은 짐 크레이머만의 무대였다. 우린 그저 그의 무대 소품 정도에 지나지 않았다.

이러한 적응 노력에도 불구하고 그냥 모른 체하고 지나칠 수 없는 것이 한 가지 있었다. 첫날 이후로 나는 매일 아침 자명종이 울리기 30분 전인 새벽 5시에 일어났다. 토요일, 일요일, 공휴일 할 것 없이 말이다. 5시에서 몇 분이 지난 후 눈을 떴고, 그때마다 공포감과 불안감에 사로잡혔다. 자면서 어찌나 몸부림을 쳤는지 이불이 침대 옆 바닥으로 떨어져 있기 일쑤였다. 이불을 덮고 있지 않았는데도 이마는 언제나 땀으로 축축했다. 내 머리 속에는 크레이머 앤드 컴퍼니에 가야 한다는 생각뿐이었다.

내가 듣기로, 짐은 언제나 오전 5시 30분에 사무실에 출근했다. 그 뒤를 이어 제프가 6시에 도착했다. 나머지 사람들도 곧 도착했다. 나는 문을 열고 들어가서 첫날부터 봐온 똑같은 얼굴들과 마주쳤다. 짐의 꽉 다문 입과 눈초리가 하룻밤 사이에 상황이 크게 달라지지 않았다는 것을 알려 줬다. 우리는 아직도 전쟁터에 있었다.

얼마 지나지 않아 이런 난리가 언제 올지 모르지만 때로는 친근감의 표시가 될 수도 있다는 것을 깨달았다.

일을 시작한 지 며칠 후, 내게 첫 임무가 떨어졌다. 전화 받는 일이었다. 나는 아마도 할 수 있을 것이라고 생각했다. 전화 받는 게 뭐 그리 힘들겠는가?

전화 벨이 울릴 때 나는 거래용 책상에 앉아 며칠 전 저녁에 있었던 제프의 데이트 이야기를 듣고 있었다.

"전화나 받아."

제프가 전화를 가리키며 지시했다.

나는 수화기를 들었다.

"네, 크레이머 앤드 컴퍼니입니다."

전화를 건 사람이 자연스럽게 짐을 바꿔 달라고 했다.

"친구인데요, 짐 그 녀석이 내 전화를 기다리고 있을 겁니다."

제프에게 물어 그 전화를 짐의 개인 전화로 연결했다. 짐이 수화기를 들어 "여보세요"라고 말하는 것 같더니 금방 끊었다.

"다시 한 번만 더 잡상인 전화를 연결시키면, 그땐 진짜……."

짐은 머리를 떨면서 입술을 악물었다. 화가 몹시 났는지 앞에 놓여 있는 노트를 연필로 찍어 댔다.

"다시 한 번만 더 잡상인 전화를 연결시키면, 그땐 진짜로……."

샐이 따라했다. 마크는 웃었고, 클라크는 내 쪽으로 몸을 기울이고는 귓속말로 다시는 잡상인 전화를 짐에게 연결시키지 말라고 했다.

"아무나 그렇게 짐과 통화하게 해주면 안 되지!"

제프가 말했다.

"누구인지, 그리고 전화한 용건이 뭔지 물어 봐."

그러고는 자기 차가 검정색 BMW 528 모델이라는 둥 이야기를 할 즈음 외부 전화벨이 또 울렸다.

"네, 크레이머 앤드 컴퍼니입니다."

전화를 받으니 또다시 누군가가 짐을 찾았다. 거래용 책상에 앉아 있는 모든 사람들이 나를 쳐다보고 있었다. 나는 똑같은 실수를 두 번 저지르고 싶지 않았다. 전화한 사람에게 누구이고 무슨 용건 때문이냐고 물었다. 그러자 그는 자기 이름을 밝히고는 친구라고 말했다.

"그러시겠죠. 네, 당신도 제임스 씨의 제일 친한 친구겠지. 바로 조금 전에 전화했던 잡상인처럼……."

나는 그를 기다리라고 하고는 그냥 내버려두었다. 그랬더니 잠시 후 그가 마침내 전화를 끊었다.

"누구였어?"

제프가 물었다.

"또 다른 잡상인이에요, 엘리엇 스피터라는."

나는 웃으며 말했다. 모두 입을 벌리고는 나를 쳐다보길래 거기에 한마디 덧붙였다.

"무슨 이름이 스피터(spitter: 침을 뱉는 사람)냐, 나참."

"그 사람은 엘리엇 스피처(Eliot Spitzer)야, 이 멍청한 놈아!"

짐이 소리질렀다. 엘리엇은 짐의 친구였다. 훗날 짐은 그가 뉴욕 주 검찰총장에 출마했을 때 모금 파티를 열어 주었고, 그는 검찰총장에 당선되었다. 우리는 모든 담당 중개인들을 파티에 초대했고, 누가 왔는지, 누가 엘리엇의 선거 운동에 헌금했는지 등을 기록했다. 이것은 사실 무엇보다 중요한 일이었다. 똑똑한 중개인들은 거액의 기부금을 냈고 그 보답을 받았다. 이와 반대로 그 후 몇 달 동안 크레이머 앤드 컴퍼니와 거래를 기피한 사람도 있었다. 나 역시 50달러를 기부했고 다시는 그의 이름을 잊지 않았다.

"어떤 사람들은 그냥 짐에게 연결시켜 줘야 해."

제프가 손가락을 흔들면서 말했다.

"하지만 아까 말할 때는……."

"아까 내가 뭐라고 말했는지는 나도 알아. 내 말은 자네가 알아서 잘 판단하라는 거야. 그깟 전화 하나도 제대로 못 받으면……."

"그 사람은 엘리엇 스피처야, 이 멍청아!"

샐이 반복했다. 마크는 웃었고, 클라크는 또다시 내 쪽으로 몸을 기울이고는 귓속말로 다시는 엘리엇 스피처를 오래 기다리게 하지 말라고 했다.

방이 쥐 죽은 듯이 조용해졌을 때쯤, 또다시 외부 전화가 울렸다. 나는 벨소리가 금방 끊기기를 바라면서 전화를 무시하려고 했다. 하지만 전화벨은 끊기지 않고 계속 울려 댔다. 모두 전화대에 반짝거리는 빨간색 불을 바라보았다. 나는 어쩌면 다른 사람이 받을지 모른다고 생각하고 있었다. 그러나 아무도 받지 않았다.

"전화 안 받고 뭐 해?"

짐이 이를 악물고는 물었다.

"네, 크레이머 앤드 컴퍼니입니다."

나는 제발 이번 전화는 짐이 아닌 다른 사람, 아니 아무나 찾는 전화이기를 바라면서 수화기를 들고 말했다.

"어디시죠?"

"제 이름은 맥스입니다."

"무슨 일로 전화하셨죠?"

모두 내가 또 뭔가를 망칠 것이라는 예감에 움츠리면서 책상 앞으로 몸을 기울였다. 그들의 예감이 맞았다.

"아니, 짐 있어요 없어요?"

맥스가 성급한 목소리로 물었다.

"글쎄, 무슨 일로 전화하셨습니까?"

나는 다시 물었다.

"그냥 맥스라고 전해!"

내가 생각할 수 있는 것은 그저 그 사람을 대기시켜 놓고 돌아서서 제프에게 맥스라는 사람을 아는지 묻는 수밖에 없었다.

"짐에게 바로 연결해 줘야 하는 사람!"

제프가 대꾸했다.

맥스는 중요한 파트너였다. 제프는 지금 같은 상황에서 내 곁에 있는 것이 좋지 않으리라는 걸 눈치채고 자기 사무실로 피해 간다는 것을 나중에 알았다. 나는 제프가 상황이 악화되어 자기에게 똥물이 튀기 전에 사라져 버리는 신비한 능력을 지녔다는 것을 금세 알아차렸다.

"아유, 골치야!"

짐이 나를 무슨 문둥병 환자처럼 쳐다보고는 전화를 받기 전에 다시 한 번 못마땅하다는 듯이 고개를 절레절레 흔들면서 말했다.

"너는 도대체 왜 그러냐?"

"아유 정말, 너는 도대체 왜 그러냐?"

샐이 반복했다. 마크는 그냥 웃었고, 클라크는 내 쪽으로 쭈그리고는 귓속말로 파트너들은 언제나 곧장 짐에게 연결시켜 줘야 한다고 말했다.

파트너들의 전화는 나중에 알게 되었지만 가장 중요한 전화였다. 그들은 짐이 매일 만지는 15억 달러의 주인인 부호들이었다. 나는 그들의 이름을 외우고 귀족처럼 대해야 했다. 매일 아침 전화하는 마티 페레즈처럼 거의 모든 파트너들이 정기적으로 전화했다.

짐은 파트너들을 위해서라면 무엇이든 다 했다. 회의 중에 나가기도 하고, 어떠한 사적인 대화도 중단하면서까지 그들을 중요시했다. 미친 사람처럼 마구 소리를 질러 대다가도 파트너의 전화만 오면 하던 일을 멈추고, 태도도 하이드에서 지킬 박사로 완전히 바뀌었다. 전화를 받자마자 우리가 보통 때에는 그의 입에서 절대 들을 수 없는 '물론이죠' 와 '고맙습니다' 와 같은 친절하고 상냥한 말들이 줄줄 나왔다.

갈수록 회사는 정신없이 바쁘게 돌아갔다. 내가 받은 외부 전화도 몇 번 있었지만 걸려 오는 전화 대부분은 우리 여러 중개인들에게 직접 가는 전화였다. 크리스마스 트리를 연상케 할 정도로 전화기에 불이 많이 들어와 짐과 마크, 샘 그리고 클라크는 이를 감당하지 못했다.

"거래 전화 받아!"

짐이 난감한 얼굴로 데스크를 둘러보며 소리를 질렀다. 나는 아직도 거래인들이나 짐이 무엇을 하는지 전혀 몰랐지만 그들을 본받아야겠다고 생각했다. 모두 서서 일했으므로 나도 서 있기로 했다. 그것은 당연히 거래가 바쁠 때 하는 행동이었다.

나는 아무것도 하지 않고 있었지만, 그들은 모두 미친 듯이 이 전화에서 저 전화로 뛰면서 서로에게 소리를 질러 댔다. 마침내 그들은 모두 한 번에 전화 두 대를 받았다. 하지만 그래도 거래 전화는 계속해서 울려 댔다. 그때 짐이 나를 똑바로 쳐다보며 소리질렀다.

"거기서 언제까지 멍청이처럼 가만히 서 있을 거야! *빌어먹을, 거래 전화를 받으란 말야!*"

엉겁결에 나는 '모건스탠리' 라고 써 있는 곳에 불이 들어온 것을 눌렸다. 그러자 누군가가 뭐라고 굉장히 빠르게 외치는 소리가 들렸다. 내가 들은 말의 전부는 "50에 10주 매도" 뿐이었다. 다른 사람들이 하는 것을 봐서는 나 역시 짐에게 전화 내용을 보고해야 한다고 생각했다. 짐은 양쪽 귀에 수화기를 대고 있었는데 한쪽에다 뭔가를 말하면서 다른 한쪽은 듣고 있었다. 나는 그에게 10주가 50에 팔렸다고 외쳤다. 또다시 모두 나를 쳐다보았는데, 그 이유는 알 수 없었다. 그래서 다시 한 번 말했다.

"50에 팔렸어요! 10주 모두!"

짐은 수화기 두 개를 다 데스크에 내리치고는 날카로운 목소리로 말했다.

"빌어먹을 10주!"

그의 목소리가 너무 고음이어서 금방이라도 폭발할 것처럼 들렸다.

"너!"

짐은 마크에게 가까이 가기 위해 책상 위로 몸을 기울였다.

"재한테 빌어먹을 거래 전화를 어떻게 받는 건지 가르쳐 줘!"

"10주? *10주?* 10주는 100달러에 불과하단 말이야. 이런 제기랄! 우리는 한 번도 10주짜리 거래를 한 적이 없어!"

샐이 덧붙였다. 그는 짐의 표정과 똑같이 레몬 삼킨 얼굴을 하고 있었다. 마크가 내게로 걸어왔다.

"그건 머크(Merck : 300년이 넘는 독일계 다국적 제약회사) 사의 1만 주를 모건스탠리와 함께 51달러 50센트에 팔았다는 얘기였어."

마크가 차분히 내게 설명해 주었다.

"그나마 50이라는 건 제대로 들었네."

그는 내 손에 연필을 쥐어 주고 종이 몇 장을 내 모니터 옆에 놓고서는 중개인들과 통화하면서 이런 구체적인 것들을 적으라고 말했다.

"너는 고객이야. 그들에게 했던 얘기를 반복하라고 요구할 수 있어."

마크가 말했다.

이런 일은 처음 며칠 동안 계속됐다. 나는 계속해서 불필요한 전화를 짐에게 연결시켜 주었고 중요한 전화는 기다리게 했다. 거래 전화를 받을 때는 주식 수와 가격을 바꿔 썼고 산 것과 판 것을 뒤바꿨다. 노트도 나중에 중개인들이 말하는 속도만큼 빠르게 쓰는 법을 터득하기 전까지는 아무런 쓸모가 없었다. 실수할 때마다 짐에게 갈기갈기 찢겼고 샐에게도 당했다.

나의 성공률은 그리 오래 걸리지 않아 올라가기 시작했다. 초반에 모든 일을 망친 것에 비해 몇 가지 일은 제대로 하기 시작했다. 클라크는 조용히 도와주었고, 샐은 나를 쥐 잡듯 잡았다.

셋째 날, 나는 골드만삭스 전화를 받았다.

"골드만 현 시세 IBM 50만 주 매도 물량 보유……."

나는 무슨 뜻인지도 잘 모르는 채 이를 그대로 정확하게 전달했다.

"50만 주 그대로 매수!"

짐이 자리에서 벌떡 일어나서는 나를 향해 두 팔을 뻗고는 외쳤다.

"50 사! 사라구!"

"50만 주 그대로 매수! 사! 사라구! 사란 말이야!"

한마디도 틀리지 않고 나는 중개인에게 짐의 지시를 그대로 반복했다. 잠시 후 우리는 거래를 끝냈다.

"IBM 50만 주를 샀습니다."

나는 짐에게 말했다.

클라크는 짐 앞에서 거래 보고를 기록부에 적었다. 짐은 제자리로 돌아갔고, 샘은 다른 전화들을 받기 시작했다. 마크가 모니터 너머로 미소 짓는 것을 보고 나도 웃음을 참지 못하고 애써 미소를 지었다. 방금 내 생애의 첫 거래를 마친 것이다.

어느새 나는 그들과 같이 일어서서 평생 이 일만 한 듯 소리를 질러 댔다. 이것이 하루 종일 크레이머 앤드 컴퍼니 거래 데스크 현장의 모습이었다. 그것은 통제가 잘 된 일종의 대혼란이었다.

일이 엄청나게 바빠질 수도 있었고, 또 그렇게 바빠졌다. 우리는 모두 전화로 주문하고, 보고하고, 그리고 다섯 가지 일을 한꺼번에 처리했다. 이런 와중에서도 그 첫 해의 2월쯤에 주식과 옵션 거래하는 법을 배웠다.

나는 주문의 기본은 물론이고 짐이 실행하고 있는 복잡한 전략까지 다 이해하고 있었다. 거기에는 'buy-rites', 'married puts', 'synthetic shorts', 'spreads', 그리고 'collars'라는 말들이 있었다. 이 모든 것들

buy-rites _ buy-writes를 간단히 표기한 것으로 일종의 매수장.
married puts _ 스톡 포지션과 풋 옵션이라는 두 가지 서로 다른 매수 방법을 조합한 거래.
synthetic shorts _ 현물 거래 없이 증권 시세의 오르내림으로 손익을 계산하는 거래.
spreads _ 동일 시장에서 동일 상품이면서 만기월이 서로 다른 종목 간의 가격차 또는 서로 다른 시장이지만 동일 상품이고 만기월이 같은 상품 간의 가격차.
collars _ 1987년 블랙먼데이 이후 도입된 것으로, 인덱스를 대상으로 한 차익 거래를 비롯한 특정 프로그램 매매를 규제하는 조치.

이 다 짐이 사용하고 있던 복잡한 옵션과 주식 거래 전략이었다. 나는 문서들을 밤에 집으로 가지고 가 공부했다. 어디에서 이익이 오는지, 그리고 짐이 어떻게 오르락내리락하는 변덕 속에서 포트폴리오를 구성하는지 계산해 보았다.

나는 직접 부딪치면서 배우는 성격이었다. 어차피 크레이머 앤드 컴퍼니에서는 공부 잘하는 것이 도움이 되지는 못했을 것이다. 무조건 부딪치고 봐야 했다. 일을 망칠 땐 비참했다. 그러나 일을 제대로 했을 때는 전율이 느껴졌다.

증권시장에서 가장 나를 흥분시키는 것은, 우리가 세운 전략을 시장에 적용했을 때 시장이 바로 반응하면서 성과를 보여 준다는 것이다. 중간고사 같은 것도 없었다. 돈은 바로 벌거나 잃었다. 어느새 나도 짐처럼 이 일에 중독되어 가고 있었다.

대단히 중요한 질문

매일 아침 8시가 조금 넘으면 중개인들에게서 전화가 폭주했다. 골드만삭스, **베어스턴스**, 그리고 모건스탠리 같은 대기업들이 날마다 특정 주식 가치의 상승 · 하락을 포함한 정보를 제공했다. 제프는 노트를 손에 쥐고 짐과 이러한 정보가 시장에 어떤 영향을 미칠지 의논하기 위해 짐의 책상 쪽으로 왔다. 짐은 어쩔 수 없는 경우 말고는 모니터 앞을 절대로 떠나는 일이 없었기에 거기서 대부분의 전략이 짜여져야 했다.

내가 입사한 지 몇 개월째 되던 어느 날, 짐

베어스턴스 _ 한때 미국 7위의 투자은행이었으나 현재 서브프라임 모기지 부실 여파로 경영난을 겪고 있다. 중국 자본이 베어스턴스의 지분을 인수하려고 준비 중이고 워렌 버핏도 지분 인수에 관심이 많아 요즘 미국 증권가의 큰 이슈가 되고 있다.

과 의논을 끝낸 제프가 자기 사무실로 나를 불러서는 조사 분석을 맡으라고 했다. 이 일을 하기 위해서는 지능도 있어야 하고 예리함도 갖추어야 한다고 덧붙였다. 나는 거래가 성사되기까지 동원된 모든 전략을 이해해야 했다.

"이 바닥에서는 항상 머리를 써야 해."

제프가 설명했다.

짐은 내가 혼자 생각하고 판단하는 위험한 짓을 하기 전에 미리 얘기를 좀 하고 싶어했다. 그는 거래용 책상 끝에 있는 그의 자리로 나를 불러서는 낮고 심각한 목소리로 내가 해야 할 첫 번째 임무를 구체적으로 설명해 주었다.

"네 임무는 *아주* 중요한 질문을 제기하는 거야."

짐이 말했다.

"알겠습니다."

내가 대답했다.

"내가 뭘 하라고 말할 때까지 기다리라구."

짐이 말했다.

"네, 그렇게 하겠습니다."

나는 그러겠노라고 했다. 짐은 일을 망칠지도 모르는 가능성을 최소화하기 위해 중요한 점을 하나하나 모두 설명했다.

"하나포드 브라더스(Hannaford Brothers)라는 슈퍼마켓 체인 회사가 있어. 오늘 오후 한 시 반에 그들이 시내 한복판에 있는 레만 브라더스 컨퍼런스(Lehman Brothers Conference)에서 발표회를 할 예정인데 자네가 오늘 거기에 참석해. 거기서 그들에게 이렇게 물어 봐. '바보 같은 기업 매수로 인한 회사 수익 감소 효과는 언제나 나타나나요?' 라고. 이 질문을 모든 사람들 앞에서 한 후, 하나포드 분과회의에 참석해서 똑같은 질문을 또 던지는 거야, 알았어?"

"네!" 하고 대답하고는 나도 낮은 소리로 감히 물었다.

"왜요?"

"그냥 물어 보기만 해!"

짐은 내가 너무 머뭇거린다는 눈치를 주려는 듯 모니터 대신 나를 노려보며 소리쳤다.

나는 이런 때를 위해 회사 옷장에 넣어 두었던 정장을 꺼내서는 옷을 갈아입기 위해 욕실로 갔다. 시내로 가기 전 제프가 자기 사무실로 다시 불렀다. 그는 이번 주말 두 여자와의 데이트 계획에 대해서 얘기하기 시작했다.

"우와!"

나는 굉장히 감명받은 척했다.

그는 내가 알고 싶어하지도 않는, '차이나 그릴(뉴욕 웨스트 53번가에 있는 최고급 식당)' 과 '고담(최고급 프랑스 레스토랑으로 정식 이름은 '고담 바 앤드 그릴')' 이라는 고급 음식점에 갈 것이라는 것, 리무진을 타고 갈 것이라는 등 얘기들을 늘어놓은 후 짐이 물어 보라고 시킨 그 질문을 조금 다른 식으로 물어 보는 것이 좋을지도 모르겠다고 덧붙였다.

"아, 그리고 가서 회의에 등록할 거는 없어. 그곳에서 한 시간 정도밖에 있지 않을 테니까."

"등록이라구요?"

내가 물었다.

"그냥 이름표 같은 건데, 받지 마. 알았어?"

난생처음 가보는 컨퍼런스였다. 회의장을 찾는 데만 30분쯤 걸렸다. 회의에는 대략 500명 가까이 되는 증권 분석가들이 참석하였다. 하나포드 브라더스의 대표이사가 냉동식품 코너 슬라이드를 보여 주며 설명하고 있는 동안, 제프가 적어 준 질문을 급히 외웠다. 나는 종이에 적혀 있는 걸 보지 않고 질문하는 게 보기에 더 좋을 거라고 생각했다.

마침내 발표가 끝나고 불이 켜지는 순간, 나는 일어나서 손을 번쩍 들었다. 땀을 흘리며 떨고 있었지만 이 일을 꼭 해내야 한다는 것을 알았다. 손을 든 사람은 나 말고도 있었지만, 자리에서 일어나 있는 사람은 나밖에 없었다. 대표이사가 나를 지명했다.

"최근에 새 상점을 매수한 것 등을 고려할 때, 수익 예상이 다소 지나치게 낙관적인 건 아닌가요?"

나는 최대한 큰 소리로 물었다. 그는 짜증난 듯한 표정을 지으며 잠시 시간을 끌다가 말했다.

"죄송합니다. 그 질문에는 답해 드릴 수 없습니다."

내가 회의장을 둘러보았을 때 그 대답에 나만큼이나 불만스러워 보이는 사람들이 눈에 띄었다. 나는 자리에 앉으며 "뭔가 구린 데가 있나 봐요"라고 옆에 있는 사람에게 낮은 소리로 말했다.

분과회의는 스무 명 정도 참석하는 훨씬 더 작은 모임이었다. 나는 더 따질 심사로 그 대표이사를 따라갔다. 하나포드 브라더스의 상점 매수가 회사의 수익에 미친 영향을 알고 싶었다. 이제 질문의 핵심을 어느 정도 알았기 때문에 좀 더 진지하게 나갈 수 있었다.

"이제 아까 했던 제 질문에 답해 주실 수 있겠죠?"

내가 물었다.

"그 질문에는 답할 수 없다고 말하지 않았소! 지금은 기업 내용 공개 금지 기간이란 말이오."

그는 화가 난 게 분명했다.

"쉬—잇!"

나는 손가락을 입에 대고 옆자리 사람들에게 말했다.

"지금은 기업 내용을 공개할 수 없답니다."

나는 '세상에 이런 게 있나' 하고 속으로 의아해했다.

"12.5? 12.5라고?"

사무실로 돌아갔을 때 짐은 모니터 뒤에서 왔다 갔다 하면서 마크에게 소리치고 있었다.

"제발 좀, 차라리 날 잡아먹어라. 주문 좀 제대로 하란 말이야!"

"그럴 리가 없는데요."

마크가 말했다.

"뭐가 그렇지 않다는 거야!"

짐이 쏘아붙였다. 그는 팔짱을 낀 채 고개를 절레절레 흔들고 있었다.

'뭐가 또 크게 사단이 났구나' 하고 생각하기 무섭게 짐은 화살을 내게로 돌렸다.

"질문은 제대로 했겠지?"

그 무렵 짐의 화법을 간파하고 있었던 나는 그게 칭찬이라는 걸 알았다.

나는 거래용 책상에 앉아 하나포드의 약자인 HRD를 입력했다. 하나포드의 주가가 한 포인트 가까이 떨어졌다는 걸 확인할 수 있었다. 클라크가 다가와 그날 아침 우리 회사가 하나포드 주식 5만 주를 공매했고 방금 실물을 매입했노라고 말했다.

그날 늦은 오후가 되어서야 나는 제프가 미적거리고 있는 결정이 햄튼(Hampton)에서의 여름 휴가라는 사실과 기업 내용 공개 금지 기간이 뭔지를 알았다. 회사의 수익을 보고하기 전 몇 주 동안은 기업의 내용 변동 사항에 대해 공개적으로 말하

햄튼 _ 여름 주말이 되면 뉴요커들은 맨해튼에서 두 시간 거리인 롱아일랜드 끝에 위치한 햄튼으로 여행을 떠난다. 이곳은 투자금융이나 법조계에서 성공한 뉴욕 거부들의 호화 별장 지대로도 유명하다.

는 것을 증권감독위원회가 금지하고 있는 규정이었다. 짐은 이것을 미리 알고 내 질문을 통해 그 회사가 뭔가를 숨기고 있는 듯한 인상을 주게 하여 주가를 일시적으로 떨어뜨리려는 속셈이었음에 틀림없다. 짐의 질문이 실제 하나포드 브라더스의 주가 하락 이유에 관한 것일 수도 있지만, 한번 해볼 만한 작전이었음에는 틀림없다. 내가 그 질문을 하고 있을 때 많은 주식을 팔아 돈을 벌었으니까.

그 날 퇴근하는 전철 안에서 몇 가지 실마리를 찾았다. 우리 회사의 전략과 수법을 부분적으로 파악하게 된 것이다. 짐은 나를 이용해 그런 질문을 하게 했다. 제프가 그 회의에 등록하지 말라고 한 것도 다른 이유가 있었다. 등록하면 내가 크레이머 앤드 컴퍼니 소속이라는 명찰을 달지 않을 수 없었기 때문이다. 짐에게 왜 그런 질문을 하라고 했느냐고 묻는 것은 주제넘는 행동일 것이다. 그래도 나는 돌아가고 있는 내용을 나름대로 파악하기 시작했다.

짐이 매년 큰돈을 번다는 것은 알고 있었다. 그러나 정작 알고 싶은 것은 그가 어떻게 그처럼 큰돈을 벌고 있는가였다. 나는 스폰지가 수분을 흡수하듯이 그의 비법을 몽땅 흡수하고 싶었다. 어떠한 상황에서도 짐은 꿈쩍도 하지 않고 이렇게 말했다.

"이게 바로 월스트리트야. 이게 바로 우리의 직업이고, 이것이 나의 투쟁 철학이야."

나는 그것을 고스란히 전수받고 싶었다.

짐은 그 뒤로도 계속 나를 외부 발표회나 오찬회 등에 보내 공략 대상 회사를 미화하거나 비하하는 질문을 하게 했다. 어떤 때는 그냥 듣고만 오라는 경우도 있었다. 그러면서 거래 업무를 계속하고 단숨에 수백만 달러의 주식 거래를 처리하기도 했다. 그즈음 아침에는 중개인들이 전화로 주식의 호재나 악재 등을 물어 오면 조사 결과를 알려 주기도 했다. 간혹 월가를 다니며 다른 회사의 동정을 살피기도 했다.

뉴욕 증권거래소에서는 일반인들보다 업무 과정을 훨씬 더 자세히 파악할 수 있었다. 중개인을 따라 곳곳을 면밀히 관찰하였고, 왁자지껄한 사람들 사이를 오가며 '팔자'와 '사자'를 외쳐 대기도 했다. 천장을 바라보니 거래소 중개인들이 위로 던진 종이 조각들이 눈보라처럼 떨어지고 있었다.

골드만삭스에서 나스닥 시장이 개장되는 장면도 보았다. 큰 실내 운동장 같은 곳에 모인 수백 명의 사람들이 아홉 시 반이 되자 일제히 고함을 치기 시작했다. 인텔, 시스코, 마이크로소프트 주식은 수십, 수백만 주가 거래되었는데, 거래 상황이 벽에 걸린 대형 상황판에 경쟁적으로 표시되었다. 나는 한 시간 동안 피델리티, 앨리안스(Alliance), 웰링턴(Wellington)의 거래 상황을 은밀히 전해 들으며 거래 동향을 예의 주시했다.

레만 브라더스에서는 투자 전문가들이 짐처럼 흥분하며 주식을 사고파는 광경을 지켜보았다. 짐이 브로커에게 욕지거리를 하는 것처럼 그들도 클라이언트에게 욕을 해댔다. 월스트리트에서 돈을 둘러싼 모든 거래는 서로 악다구니하며 이뤄진다는 걸 알았지만 썩 좋아 보이진 않았다. 크레이머 앤드 컴퍼니에서 전화를 받아야 했지만, 자주 월드 앤드 워터(World & Water) 거리 모퉁이에 있는 좌판에 가서 머스터드가 듬뿍 발린 과자를 집어들었다. 하노버 델리에 전화해 블랙커피 네 잔과 과일 디저트 두 잔을 시켜 먹으면서 IBM 주식 2만 주를 샀고 전화 회의도 했다. 큰 증권회사에서 정규 교육 프로그램을 이수한 사람들도 많이 만났다.

만약 골드만삭스나 메릴린치 같은 곳에서 일을 시작했더라면 나도 그들처럼 주식이나 채권을 사고팔고 분석하는 방법을 체계적으로 배웠을지 모른다. 하지만 이 모든 일을 한꺼번에 처리하는 방법을 배우지는 못했을 것이다. 나는 크레이머 앤드 컴퍼니에서 그것을 단시일 내에 배울 수 있었다.

하지만 그것들을 아는 데는 몇 달이 걸렸다. 이 기간에 스트레스도 많이 받아 정말 견디기 힘들었다. 아침만 되면 눈이 번쩍 떠졌다. 눈을 뜰 때마다 비버 가 56번지 건물에서 벌어질 상황 때문에 두려웠다. 하지만 퇴근길에는 언제나 뭔가 이뤄 낸 듯한 느낌이 들었다. 나는 바라던 것보다 훨씬 많은 것을 배웠고, 또 하고 있었다. 그것도 월스트리트 최전선에서. 벨뷰보다 훨씬 정신없이 돌아가는 곳에서 눈코 뜰 새 없이 바쁘다 보니 그런 사실조차 까맣게 모르고 있었다.

"체칭!"

짐 크레이머는 비즈니스 세계가 어떻게 돌아가는지 이야기하길 좋아했다. 그는 거의 매주 TV에 출연하고 경제 기사를 썼는데, 그의 말은 영향력 있는 매체에서 인용되기도 했다. 〈뉴욕타임스〉 기자가 전화해서 어떤 기업에 대해 물으면 그는 어떤 기업이든 주저하지 않고 상세하게 대답해 줬고, 〈뉴리퍼블릭〉에 기사를 쓸 땐 복잡한 경제 이론을 쉽고 간략하게 설명했다. 최고급 양복을 차려입고 PBS 간판 토크쇼인 '찰리 로즈 쇼(Charlie Rose Show)' 에 나가서는 글로벌 경제에 대해 탁월한 견해를 내놓았다.

"난 한 주에 수백 개가 넘는 기업과 통화하지."

내가 처음 출근했을 때 짐이 전화기를 내려놓으며 말했다.

"난 항상 연구해. 이 비즈니스 세계에선 모든 것에 최고가 돼야 해. 지금 막 IBM의 CEO 루 거스트너와 전화회의를 했지."

모든 포트폴리오 매니저가 갑갑하게 구식으로 일한다고 생각할 수 있지만, 바로 그것이 돈을 버는 방법이다. 열심히 일하고 경험을 쌓아 시장을 보는 눈을 키우면서 말이다. 잘 알겠지만 투자금은 수익을 내야 한다. 짐이 누누이 말했듯이,투자의 성공은 거래 한 건 잘하고 못하고는 상관없고 먹히는 투자 모델을 찾는 것이 관건이다.

짐은 눈앞의 돈벌이에 연연하기보다는 폭넓은 시장 조사와 광범위한 정보 획득에 중점을 두었다. 그는 우리 회사에 넘쳐나는 거래 자료들을 끊임없이 읽어 댔을 뿐만 아니라 〈아메리카 뱅커〉나 〈PC 매거진〉, 〈슈퍼마켓 뉴스〉 같은 잡지들도 읽었다. 그리고 신문 20종 정도를 읽으며 매일 아침을 시작했다. 나는 〈보스턴 글로브〉, 〈샌프란시스코 이그재미너〉, 〈시카고 트리뷴〉, 〈휴스턴 신문〉, 〈마이애미 헤럴드〉의 경제 섹션만 보는 것도 버거운데 말이다.

짐과 제프는 기업이나 애널리스트와 이야기하면서 산업 동향이나 기업에 대한 특별한 정보를 읽어 냈다. 전화 회의를 하면서 수익금과 세금을 계산했고 끊임없이 재평가되는 예상매출채권 회전일이나 재고자산 평가 같은 까다로운 일들도 한꺼번에 처리했다.

우리 회사는 전통적인 방식으로 투자 자금을 운용하더라도 업계 최고가 되었겠지만, 짐은 기다리고 심사숙고하는 그런 전략을 거부했다. 크레이머 앤드 컴퍼니의 모토는 빠른 분석과 끊임없는 거래를 통한 '빠른 자금 회전' 이다. 짐의 거래 철학은 그의 방 한가운데 모니터에 붙여 놓은 메모지에 적혀 있다.

'가장 좋은 것은 행운을 잡는 것이다.'

이 말은 크레이머 앤드 컴퍼니에서 이뤄진 꼼꼼한 조사보다 투자 결정에 막대한 영향을 미쳤다.

그 한 예가 짐이 대형 투자자인 맥스 팔레브스키를 만나려고 캘리포니아에 갔다 왔을 때의 일이다. 맥스는 로직 칩을 개발해 억만장자가 된 기업가였다. 하지만 무엇보다 중요한 것은 그가 로스앤젤레스에 살았고 유명한 친구들이 많았다는 사실이다. 짐은 그를 만나 유명한 영화배우 몇 명을 소개받았다.

짐은 회사로 돌아오자마자 할리우드에서 만난 사람들에 대해 이야기하기 시작했다. 그는 맥스의 이웃에 사는 캔디스 버겐(70년대 전세계 스크린을 주름잡은 금발의 여배우)을 만났는데, 그녀가 스타벅스에서 주문할 때 "라테-모카-카푸치노 큰 잔에 차고 맛있게" 라고 하더라고 했다. 자신이 그러는 것처럼 말이다.

짐은 계속해서 말했다.

"캔디는 스타벅스를 너무 좋아해. 스타벅스 정말 대단해. 5달러 가치가 충분히 있어. 마크, 스타벅스 5만 주 사게나! 캔디는 스타벅스밖에 모르더라구."

캔디스 버겐은 선견지명이 있었다. 그날 저녁 스타벅스 주식은 급등해 스타벅스 창사 이래 최고가를 기록했다. 이는 월스트리트의 어느 누구도 예상하지 못한 일이었다. 다음날 우리는 그 주식을 팔아 하루아침에 10만 달러 횡재를 했다.

'스위밍 튠스(Swimming Tunes)' 라는 장치에 얽힌 일화도 있다. 카렌은 회사에 있지 않을 때는 주로 수영장에서 수영을 즐기는데, 한번은 운동구점에서 이 신제품을 발견했다. 이 기계는 방수 헤드폰이 딸린 조그만 방수 라디오였다. 경험 많은 여느 중개자처럼 카렌도 그 상품의 가능성을 읽었다.

"수영하면서 라디오 들을 수 있나?"

짐이 다음날 아침에 물었다.

"못 듣죠."

우리는 대답했다.

"마크, 5만 주 사주게."

짐은 이렇게 말하고 나서 손짓으로 나를 불렀다. 그는 목소리를 낮춰 "가서 이 제품 한번 찾아봐" 라고 말하곤 머리를 끄덕였다. '찾을 수 있을 거야' 라고 말하는 것 같았다.

나는 바로 지하철을 타고 주택가로 가서 맨 처음 눈에 띈 운동구점에 들어갔다. 그런데 아무리 찾아도 스위밍 튠스는 없었다. 점원 말이 다 팔렸다는 것이다. 다른 가게에 들렀을 때 마지막 남은 그 물건을 용케 구할 수 있었다.

회사에 돌아와서 그 물건을 내놓자, 모두 한자리에 모였다.

"꽤 괜찮은데!"

짐이 입을 열었다.

"그러게요."

마크가 말하자, 샐도 한마디 했다.

"그 주식 사길 정말 잘했어요, 짐."

나는 말했다.

"처음 간 가게에는 다 팔리고 없었어요."

클라크는 공감한다는 듯 머리를 끄덕였다.

몇 시간 지나지 않아 ASM이 자사 주식 100만 주를 사들일 것이라는 발표가 있었다. 우리는 5만 주를 재빨리 팔아치웠다. 그 후 ASM 고객센터에서 전화가 와 환불해 줄 테니 사간 제품을 반품하라고 했다. 첫 번째 가게 점원이 다 팔렸다고 말했을 때 사실 이 물건은 다 팔린 게 아니었다. 방전으로 인한 소비자 항의 때문에 반품하기 위해 진열대에서 치워 놓았던 것이다.

경우에 따라선 명백한 실수가 심사숙고한 투자보다 더 좋은 결과를 낸다. 드문 일이지만 한번은 짐이 밖에서 샐에게 전화해서는 CBS 주식 500주를 콜옵션으로 사라고 했다.

"500이오?"

샘이 물었다.

"그래, 500 사란 말이야!"

마치 옆방에서 말하는 것처럼 짐의 목소리가 크게 들렸다. 500주 옵션 거래는 일반 주식 5만 주 거래와 맞먹는 규모다. 결코 작은 규모의 거래가 아니다.

오후에 짐이 사무실에 왔을 때 샘이 산 콜옵션 주식은 20퍼센트 올라 있었다.

"짐, 그런 정보를 어디서 얻었어요? 대단한데요!"

짐이 사무실에 막 들어오는 순간 샘이 말했다.

"무슨 소리 하는 거야?"

잠시 후 짐이 물었다. 짐은 모니터 앞에 앉아 옵션 거래 상황을 확인했다.

"CBS 폭락했잖아! 샘, 뭘 보고 그 난리야?"

"음……."

"음…… 뭐?"

"그러니까 CVS라고……."

짐은 넋을 놓고 샘을 바라보았다.

"뭐라고?"

"아까 CVS라고 하지 않았어요?"

"내가 언제? CBS라고 했잖아!"

"어…… 난 그러니까 CVS 샀는데……."

짐은 실망한 기색 없이 모니터를 한 대 치며 일어서면서 말했다.

"좋아, 다시 팔아."

그리고 심각하게 덧붙였다.

"느낌이 좋아. CVS 더 오를 것 같아."

옵션 주식은 좋은 시점에 재빨리 팔았다. 이후 우리는 CBS를 '채널 2'라 불렀는데, 의약품 체인 거래는 좀처럼 잊지 못할 사건이 되었다.

이 세계에서는 우연이라는 요소가 언제나 작용한다. 짐은 이 사실을 회피하지 않고 기꺼이 받아들였다. 몇 년간 열심히 일해 얻은 직관이나 행운은 짐에겐 같은 것이다.

하지만 직관과 행운을 돈으로 바꾸는 건 전혀 다른 문제다. 우리가 무엇을 거래하느냐 혹은 왜 거래하느냐가 아니라 어떻게 거래하느냐가 승산의 열쇠이기 때문이다.

짐 크레이머는 최고의 거래인이다. 그에겐 확실한 원칙이 있고 배짱도 두둑하다. 대부분의 거래인들은 배짱을 부정적으로 생각한다. 잘 짜 놓은 계획에서 벗어나기 때문이다. 그러나 짐의 배짱 두둑한 성격은 시장의 작은 움직임도 적절히 활용하는 기술과 완전한 조화를 이루고 있다. 짐은 수년간 단기 거래 패턴을 익히면서 이 두 가지를 조화시켰고, 이 두 가지 요소야말로 그의 성공 비결이다.

짐은 주가가 급격히 상승하고 하락하지만 단기간의 변동기가 있다는 것을 알기 때문에 아주 좋은 기회를 잡는 것이 무엇보다 중요했다. 그는 사고 팔 최적의 수준을 결정하기 위해 몇 가지 기술 지표를 활용하면서 역투자자들의 동향을 참고했다. 그가 좋아하는 것은 10일간의 지수 진동 지표와, 시장이 과매도 상황인지 과매수 상황인지 판단할 수 있는 실시간 통계 자료였다. 하락세일 땐 과매도 상태가 되는데, 이는 팔 시기를 놓쳤다는 뜻이다. 상승세일 땐 과매수 상태가 되는데, 이 역시 살 시기를 놓쳤다는 말이다.

짐은 10일 지수 진동 지표와 함께 두 가지 일일 지표, 즉 시세 변동 지표와 트레이드 인덱스를 살폈다. 시세 변동 지표는 일정한 기간 주식의 누적된 등락폭을 보여 준다. 조금 복잡한 방정식인 트레이드 인덱스는 시장 참여자들이 매수에 참여하는 시점과 매도에 참여하는 시점을 파악할 수 있게 한다. 이들 지표를 통해 단기간의 상승기를 예상하고 팔 시기를 결정하는 것이다.

짐은 마음에 드는 주식이든 그렇지 않은 주식이든 적절히 매매했다. 캔디스 버겐이 스타벅스를 좋아하든, 제프가 소비자들이 스타벅스 커피를 좋아하지 않는다는 확실한 정보를 들었든 상관없이 상황을 지켜보았다. 스타벅스가 2포인트 하락해서 과매도 상황이 되면 그는 매수자가 되고, 2포인트 올라 과매수 상황이 되면 매도자가 된다.

짐은 아무리 아끼는 주식이라도 이익을 낸다면 팔아 버린다.

짐은 "체칭! 체칭!" 하고 자주 소리치곤 한다. '체칭'은 그가 가장 좋아하는 표현 중 하나다. 그에게 금전등록기 소리보다 기분 좋은 소리는 없다. 말하자면 짐은 작은 금전등록기를 갖고 있어 20달러에 주식을 사서 넣어 두었다가 21달러가 되면 꺼내 팔아 그 차액을 챙기는 것이다.

간단하지 않은가? 하루에 수없이 그렇게 할 수 있다면 누구나 짐 크레이머처럼 될 수 있다. 시장과 주식 동향을 매순간 끊임없이 모니터하면서 가격이 하락할 때 사고 오를 때 팔려면 특별한 능력이 있어야 한다. 며칠이라도, 아니 몇 시간만이라도 그렇게 한번 해보라!

그는 1분마다 그렇게 한다. 내가 말하는 건 하루에 단일 종목 1000주를 거래하는 정도가 아니다. 짐은 열 종목 2만~5만 주를 한 번에 사들이고는 몇억 달러 규모의 거래를 성사시킨 다음 재빨리 빠져나온다.

뮤추얼펀드나 헤지펀드는 어느 정도 적극적으로 거래해야 한다. 요즘 같은 시장 상황에서 포트폴리오 매니저는 수동적이어선 안 된다. 주식의 등락을 끊임없이 주시해야만 한다. 이는 기업들이 매일 자사의 주식이 오르내리는 것을 드라마틱하게 지켜보는 것과는 다르다. 기관투자가들은 오늘날 엄청나게 빠르게 진행되는 거래 속도를 전통적인 전략이 따라가야 한다고 생각한다. 그런 점에서 짐의 거래 방식은 어느 모로 보나 주목할 만하다.

보통 산업계에서 이용하는 통계인 '회전율'은 말 그대로 포트폴리오 매니저가 자신의 목록을 얼마나 자주 바꾸는지를 보여준다. 만약 1년 동안 하나의 주식을 사고팔고 다른 주식을 하나 더 사서 가지고 있다면 주식 회전율은 50퍼센트가 된다. 연금펀드의 경우 회전율은 10~20퍼센트로 낮고 뮤추얼펀드는 60~70퍼센트로 높다. 이는 1년 동안 해당 펀드에 누적된 주식 거래량 비율을 의미한다.

주식 보유 기간 또는 포트폴리오에 남아 있는 주식의 평균 기간을 조사한 통계가 있다. 평균적으로 연금펀드는 몇 년간 한 주식을 보유하고 있지만 개인 투자자들은 몇 개월밖에 갖고 있지 않다.

주식 회전율과 주식 보유 기간을 통해 특정 펀드나 시장의 특성을 전체적으로 파악할 수 있다. 최근 주식 회전율은 높아졌고 보유 기간은 짧아졌다. 이는 지난 몇 년간 주식시장이 심하게 요동쳤다는 걸 의미한다. 개인투자자와 기관투자자들 사이에 주식 거래가 이전보다 활발했다는 것이다.

크레이머 앤드 컴퍼니에 있는 동안 우리 주식 회전율이 얼마인지 질문을 받곤 했다. 나는 회전율을 계산할 수 있을 거라고 생각해 본 적이 없다. 우리의 평균 주식 보유 기간에 대한 질문도 받았지만 역시 한 번도 해본 적이 없다. 짐은 하루에도 포트폴리오 목록의 반을 변경했기 때문에 주식 보유 기간은 몇 달이 아니라 단 몇 분에 지나지 않았다.

CNBC에 출연했을 때 짐은 "소비자들을 만족시키기 위해 끊임없이 변화하거나 트렌드를 만들어 가는 것" 이 한 기업을 훌륭한 장기 투자 대상으로 만든다고 열변을 토했다.

그러나 우리의 실제 전략은 지금 당장의 이익에 초점이 맞춰져 있었다. 우리 사무실에서는 0.5포인트 이익을 보고 주식을 팔았다. TV에서 짐이 우리가 갖고 있는 주식의 회사에 대해 좋은 얘기를 해서 값이 오를 기미가 보이면 그 주식을 바로 팔아 버렸다. *사실 우리는 오늘 돈을 버는 게 중요하지, 내일 무슨 일이 벌어지든 신경쓰지 않았다.*

짐의 이런 방식을 보면서 첫 출근 때 카렌의 질문에 대답하는 내 모습을 보고 회사 사람들이 왜 그렇게 웃었는지를 알 수 있었다. 며칠이나 몇 달은 크레이머 앤드 컴퍼니에선 너무 긴 시간인 것이다.

"여기는 월스트리트야! 그리고 이게 바로 우리가 하는 일이야!"

"아니오, 내가 말씀드렸죠! 난 그렇게 하지 않을 겁니다!"

수요일 아침 7시 30분. 짐은 정신과 의사와 통화중이었다. 다시 한 번 의사는 그가 약을 복용해야 된다고 강조했다.

"일주일에 두 번 병원으로 치료받으러 가겠습니다. 그것으로 충분할 거요. 세 시간 잠만 자면 충분합니다. 카렌이 당신에게 뭐라고 했는지 모르지만 난 관심이 없소. 난 괜찮단 말입니다."

짐은 수화기를 내팽개치듯 내려놓았다. 그리고 과일 접시를 집어들며 컴퓨터 화면을 들여다보았다.

"센트럴 파크 남쪽 57번가에 있는 아파트 빌딩이야. 헬스클럽도 있고 지하에는 주차장도 있지. 내 BMW를 주차하는 곳이지."

제프는 내 옆에 앉아 구찌 구두를 신은 발을 책상에 걸치고 자신의 거처에 대해서 이야기했다. 제프의 주차비는 내 집 임대료와 거의 맞먹었다.

과일 접시에는 오래되고 역겨운 멜론이 놓여 있었다. 짐은 아침식사용 멜론을 쓰레기통에 버리고 날 보며 말했다.

"오래된 멜론보다 더 역겨운 건 없지. 푸석푸석해졌어. 감로멜론은 신선하지 않으면 맛이 전혀 없다니까. 썩은 요구르트 맛이야."

"제 것도 그러네요."

제프가 맞장구쳤다. 나는 하노버 델리에서 신선한 과일을 두 접시 시킬 예정이었다.

"그 셔츠들은 뭐야?"

짐은 클라크와 마크, 그리고 내가 입고 있는 옷을 보고 언짢은 표정을 지으며 물었다.

"수요일은 셔츠의 날입니다."

마크가 얼굴에 미소를 띠고 자신이 만들어 낸 규칙을 자랑스러워하며 대답했다. 그 생각은 그가 하루 전에 이야기했던 것처럼 '재미있는' 무언가를 입는 것이었다. 클라크와 나는 야자나무 무늬가 있는 하와이식 초록색 셔츠를 입었고, 마크는 오렌지색 격자무늬 모직 셔츠를 입고 있었는데 그의 옷이 우리 옷보다 훨씬 좋아 보였다.

"쓸데없는 생각을 하다니."

짐은 성난 얼굴로 말했다. 첫 번째 셔츠의 날이 마지막 셔츠의 날이 될 게 분명했다.

"멍청한 짓을 하다니."

샘이 맞장구쳤다.

우리 거래팀장은 낙담을 하며 **인스티넷**(Instinet)으로 시장 상황을 확인하기 위해 돌아갔다. 인스티넷은 ECN(Electronic Communication Network, 장외전자거래)의 한 브랜드다. ECN은 매도자와 매수자를 연결해 주는 기능을 하는 전자시장이다. 우리는 다른 한편에서 거래 상대방을 선택하는 자가 있는 한, 자판을 두드림으로써 중개인 없이 거래를 할 수 있다. ECN은 하루 24시간 언제나 이용할 수 있어 개장 전이나 폐장 후에도 거래를 할 수 있는 곳이다.

아침 6시 마크가 사무실로 출근할 때쯤이면 짐은 이미 거래를 시작하고 있었다. 인스티넷에는 얼마나 많은 투자자들이 참여하고 있고, 얼마나 많은 사람들이 같은 종목을 찾고 있는지 알려 주는 기능이 있다. 새벽에는 인텔이나 시스코 주식을 사려는 사람들이 많지 않다. 대부분의 거래자들이 손에 커피를 들고 출근할 때인 오전 7시가 되면 짐은 벌써 집에 갈 준비가 되어 있다.

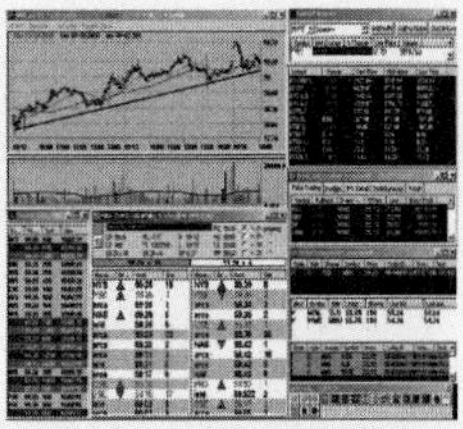

인스티넷 _ 증권거래소 폐장 후에도 컴퓨터로 주식을 거래할 수 있는 전자 네트워크.

클라크와 나는 사내 포지션 서류를 인쇄하느라 바빴다. 그와 나는 거래하는 것 말고도 비영업 부문 업무를 책임지고 있었다. 거래 조정, 가격 결정, 인쇄, 서류 정리 등을 도맡아 했던 것이다. 포트폴리오 관리는 하지 않았는데, 실수하는 경우 큰 손실을 야기할 수 있었기 때문이다. 우리가 실제로 마이크로소프트 주식 6만 주를 가지고 있는데 5만 주밖에 가지고 있지 않다고 짐이 생각한다면 큰 문제가 야기될 수 있다. 우리는 어떤 일을 망쳐 놓았을 때 우리 일이 얼마나 중요한지 알게 된다.

"저놈의 소음이 언제 멈추지?"

짐이 소리를 지르며 불평을 했다. 며칠 전부터 길 건너편에서 공사가 진행되고 있었다. 몇 초에 한 번씩 시멘트 트럭과 유압 엘리베이터 소리가 사무실 창문을 뚫고 들어왔다.

"닉, 아직도 시장에게 전화를 안 했나?"

"했습니다. 절 한 시간 동안이나 기다리라고 하더니 어떤 조치도 내릴 수 없다고 말했습니다."

나는 대답했다.

"그들이 내가 누군지 아나?"

짐이 소리질렀다.

"말씀드렸습니다."

나는 힘주어 대답했다.

아침 8시 30분 전화로 하는 시장 조사 업무가 거의 마무리되자, 제프와 짐은 서로 협의를 했다. 반도체 회사인 어드밴스드 마이크로 디바이

시스(Advanced Micro Devices)가 월스트리트에서 수익을 올리지 못했고, 골드만삭스는 주요 전화회사인 **사우스웨스턴 벨**(Southwestern Bell Co.)의 신용등급을 내렸다. 우리 주식중개인 중 한 명인 메릴린치의 돈(Don)은 짐에게 시스코를 매수하도록 권했다. 그들은 오늘 오후 폐장된 후 분기 수익을 보고할 예정이었다. 시스코는 매수세가 강했다.

짐은 AMD와 SBC 뉴스가 다른 시장에도 파급 효과를 미칠 것이라고 주장했다. 하루 24시간 전 세계적으로 운용되는 **글로벡스**(globex)에서 거래되는 선물거래는 그가 옳다는 것을 보여 주었다. 그들은 앞서 개장 때 약한 모습을 보여 주었다. 외국의 지수들도 모두 타격을 입었다. 제프는 동의하고, 두 사람은 자신들이 피해야 할 종목과 사야 할 종목들을 검토하기 시작했다. 주식시장에서 그러한 뉴스에 반응하지 않거나, 지나치게 반응하는 종목들이 우리에게 기회를 줄 것이었다.

주가가 전날 최저 수준을 기록했다. 짐은 주가 흐름을 부정적으로 보았다. 우리는 대부분의 포지션을 정리하고 현금화했다. 눈치 빠른 조치였다. 덕분에 손실 없이 새롭게 시작할 수 있었다.

"마크, 주가가 어떻게 됐지?"

짐이 물었다. 마크는 5분 전에 짐에게 한

사우스웨스턴 벨 _ 미국 AT&T사의 분할에 따라 1984년에 설립된 7개의 지역별 전기통신운용회사(RBOC)의 하나로, 두 개의 벨 전화회사와 정보통신 · 부가가치통신 · 셀룰러 · 이동통신 등의 서비스를 제공하는 여러 개의 자회사로 구성된 지주회사. 벨 전화회사가 시내전화 등 기본적인 교환 서비스를 지배적 또는 독점적으로 제공하는 지역은 아칸소 · 캔사스 · 미주리 · 오클라호마 · 텍사스 5개 주이며, 본사는 샌안토니오에 있다.

글로벡스 _ '글로벌'과 '익스체인지'의 합성어로, 1992년 6월 미국 시카고 선물거래소 CME와 영국의 로이터 사가 선물과 옵션 거래를 정규 거래 시간 이외의 야간에 하기 위해 공동으로 개발한 장외 선물거래 시스템.

말을 되풀이했다.

"시스코는 0.5, 마이크로소프트는 0.25 내렸고, 인텔은 아직 주가가 변하지 않았습니다."

클라크와 나는 그 상장 주식들이 개장할 때 어떻게 변하는지 알아보기 위해 객장의 여러 중개인들에게 전화를 걸기 시작했다. 상장 주식이란 뉴욕 증권거래소에서 거래되는 주식을 말한다. 우리는 EMC, IBM, 컴팩 등의 주식에 대해 물었다. 오전 9시 26분, 거래가 시작되기 4분 전 주문이 쇄도했다.

짐이 거래하는 방식은 여러 시장 구조의 영향을 직접적으로 받는다. 먼저 맨해튼의 월(Wall) 가와 브로드(Broad) 가가 만나는 모퉁이의 거대한 원형 기둥이 받치고 있는 대리석 건물 안에 뉴욕 증권거래소가 있다. 그리고 나스닥이 있다. 이곳은 상징적인 타임스퀘어에 자리하고 있으며, 전자거래를 한다. 나스닥에서의 거래는 오프라인뿐만 아니라 장소의 제약을 받지 않는 사이버 공간에서도 이루어진다. 이것은 두 가지 시장이 있다는 것을 의미한다.

뉴욕 증권거래소 객장에서는 모든 거래가 공정하고 질서 있는 시장을 유지할 책임이 있는 '전문가'를 통해 이루어진다. 이것은 경험 있고 독립적인 기관이 거래가 질서 있게 이루어지도록 객장에 존재하고 있다는 것을 의미한다. '전문가'들 말고도 관리자들이 있다. 이들이 존재하는 이유는 엄격한 규칙과 규정에 따라 견제와 균형의 복잡한 체계를 유지하기 위해서이다.

나스닥에는 전문가도 관리자도 없다. 단지 수백 명의 경쟁적인 투자전문가(market maker: 특정 주식을 소유하고 항상 매매에 응할 용의가 있는 업자)들이 있을 뿐이다. 그들의 주된 목적은 시장 흐름을 빠르게 확인하고 초단타로 매매하는 것이다. 따라서 이곳의 투자전문가들은 매우 활동적인 데이트레이더(선물거래 시장 메이커 중 하나로 자기의 계산으로 이른바 당일 거래를 하는 사람)와 유사하다. 그들은 나스닥을 개척시대의 미국 서부로 만들고 있다.

이런저런 이유로 나스닥에서의 거래와 뉴욕 증권거래소에서의 거래는 두 가지 완전히 다른 게임이다. 나스닥에서는 여러 투자전문가들의 거래에 관해 끊임없이 정보를 수집하는 것 말고는 거래할 때 ECN을 사용하는 게 더 쉽다. 짐은 뉴욕 증권거래소에서는 자신의 이름으로 거래하고, 나스닥에서는 자기 대신 마크가 주문하도록 하고 있다. 이와 같은 곳에서 남의 눈치 보지 않고 일을 하기 위해서 마크 같은 사람을 일선에 세우는 것도 짐 입장에서는 괜찮은 방법이었다.

"EMC 7만 주 매수 매도 주문 있습니다."

클라크는 개장 2분 전부터 소리를 지르고 있었다. 이것은 뉴욕 증권거래소의 전문가가 누적 주문으로 매도할 주식 7만 주뿐만 아니라, 동시에 매수할 주식도 7만 주 가지고 있다는 것을 의미한다. 즉, 수요와 공급이 일치하는 것이다. 따라서 증권거래소는 변함없이 전날 폐장했던 주가로 장을 시작할 것이다.

"1만 주 공매."

짐이 주문했다.

"전회 매매가보다 높은 거래입니다."

클라크가 덧붙였다. 이것은 합법적인 공매임을 의미한다. '전회 매매가보다 높아야 된다'는 규칙은 그렇지 않으면 공매가 이루어지지 않는다는 것을 말한다. 그러한 경우에는 자신이 주식을 소유하고 있지 않으면 주식을 팔 수 없다.

"컴팩 20만 주 매도 주문 있습니다."

나는 전화상에 주식중개인을 대기시켜 놓고 짐에게 말했다. 컴팩이 전회보다 시세가 0.75달러 떨어져 주식의 행보가 둔하게 보이므로 낮은 가격에 개장할 것이 확실했다.

"컴팩 1만 주 매수해."

짐이 주문 명령을 내렸다. 나는 즉시 주식중개인에게 주문을 냈다.

거래를 신속하게 처리하기 위해 사용하는 언어가 있다. 매수자를 찾길 원할 때 "내게 매도 가격을 제시하시오"라고 길게 말하는 사람은 없다. 그러면 사람들을 혼란에 빠뜨리고 큰 실수를 야기할 수도 있다. 주식시장에서는 단지 매도자만이 가격을 제시하고 매수자는 그에 응한다.

거래인이 내게 전화를 걸어 "50 IBM 100"이라고 말하면, IBM 5만 주를 한 주당 100달러에 사겠다는 말이다. 그가 다시 전화를 걸어 "하나에 50 IBM"이라고 말하면, IBM 5만 주를 101달러에 팔겠다는 것이다. 문장에서 'for'를 사용하면 사는 것을 의미하고 'at'을 사용하면 파는 것을 의미한다. 또한 이들 용어는 가격 민감성을 나타내기도 한다. 사람들은 주식을 사고파는 걸 서두르지 않는다. 짐이 항상 그러듯이 그들은 몇 페니라도 더 벌려고 애쓴다.

매도자들이 더 공격적으로 되기를 원하면 "Hit it"이라고 말한다. 다른 쪽에서 사려고 하는 매수자는 "Take it"이라고 말한다. 짐 같으면 자기 몸 쪽으로 손을 끌어당기면서 "Get it in"이라고 말할 것이다. 또 2초 후에 자신의 손을 멀리 미는 것처럼 움직이면서 "I said get rid of it"이라고 말할 수 있다. 무엇을 하기 원한다면 빠르게 말을 해야 한다.

벨이 오전 9시 30분에 울리면 모두 자기 자리에서 업무를 시작한다. 업무용 책상 위에 놓인 모니터는 마치 동전이 가득 든 슬롯머신처럼 일제히 불이 들어온다. 짐은 자신의 여섯 개 모니터에서 모든 지수와 선물 등을 포함하여 500종목 이상의 주식을 점검한다. 그는 자신이 확인한 것들을 알려 주면서 제프에게 계속 외친다.

"네트워크 기업들의 주식이 형편없군. 시스코는 횡보를 계속하고 있고."

짐이 제프에게 상황을 알려 주었다.

"시스코가 수익을 올릴 가능성은 없습니다."

제프가 맞장구쳤다.

"샐, 4월물 콜옵션 시장보고서 좀 가져와."

짐이 말했다. 그는 세 가지 다른 시스코 콜옵션의 가격을 알아보길 원했다. 콜옵션은 옵션 거래에서 특정 주식을 만기일이나 만기일 이전에 미리 정한 행사 가격에 살 수 있는 권리를 말한다. 주가가 주어진 시간 안에 행사 가격보다 더 오르면 매수자는 돈을 벌게 된다.

"Out of rotation."

짐이 덧붙였다. 옵션 전문 용어로 이 말은 그가 단순히 옵션 가격이 입수되는 대로 그 가격을 알기 원한다는 의미다. 주식의 옵션 가격은 항상 주가에 따라 변하기 때문에 증시가 개장된 몇 분 후부터 옵션 거래가 시작된다.

"마크, 시스코 1만 주를 사도록. 지금이 아주 좋은 시점이야."

짐은 주가가 저점을 찍었다고 생각하고 매수하기로 결정했다. 샐과 나는 여러 가지 옵션 가격을 입수하여 그에게 건네주었다.

"106.5달러에 50만 콜옵션과 103달러에 50만 콜옵션, 103달러에 100만 콜옵션을 사도록. 4월물을 사야겠어."

짐이 큰 소리로 말했다. 샐과 나는 주문에 착수했다.

"시스코에 대한 내 생각이 맞을 거야."

짐이 확신에 차서 말했다.

"저도 그렇게 생각합니다."

제프가 동의했다. 그들은 왜 가격이 내려갔는지 정확히 알고 있었다. 그리고 머지않아 가격이 오를 수 있는 호재가 있다는 것도 알았다.

"시스코 주식을 사서 보유할 거야. 지금 휴식기라는 걸 알고 있지? 지금 어떻게 되고 있나?"

짐이 샐에게 물었다. 샐은 짐의 요청대로 상황을 확인하기 위해 전화를 걸었다.

"모건스탠리로부터 머크 10만 주 매수 요청."

마크가 외쳤다.

거래가 있는 날에는 사무실에 하루 종일 주문이 넘쳐났다. 많은 주식중개인들이 다른 대규모 기관투자자들을 위해 주문 전화를 했다. 이번엔 모건스탠리가 머크의 주식 10만 주를 사길 원하는 고객의 부탁을 받은 것이다. 주식중개인들은 거래 상대방이 있길 바라며 우리에게 전화를 한 것이다. 이때 우리가 매도할 머크 주식을 가지고 있을 수 있는데, 그럴 경우 그들은 매수 매도 거래 전체에 대한 수수료를 청구할 수 있다. 그들의 일이 더 쉽고 이윤도 많다.

우리에게 오는 주문에 문제가 있는 것은 이러한 정보가 계속 흘러들어오도록 우리가 이따금 거래 상대방을 연결시켜 줄지라도, 그러한 주문들을 처리하지 못하는 경우가 더 많다는 것이다. 모건스탠리가 10만 주를 사길 원하는 매수자에 관한 정보를 제공하더라도 그 10만 주가 전체 주문의 일부일 수도 있다고 짐은 쉽게 추론할 수 있다. 모건스탠리는 매매 주문을 공격적으로 받아들인다. 하루에도 수없이 그러한 정보들이 빠른 거래 성사를 위해 사용된다.

"머크 1만 주 신속 매수."

짐이 수화기를 들고 객장의 주식중개인에게 주문을 냈다.

"골드만삭스로부터 **화이저**(페니실린과 비아그라로 대중들에게 널리 알려진 독일계 제약회사) 주식 대규모 매수자 확인."

클라크가 외쳤다.

"화이저 1만 주."

전화를 끊기 전에 짐이 덧붙였다. 골드만삭스가 주문을 '대규모' 또는 '크기'로 묘사할 때마다 짐은 빨리 처리할 수 있는 경우 거의 항상 0.5포인트에 의존한다. 이것이 피델리티, 앨리안스, 웰링턴 같은 기관의 주문이라는 것을 기억하자. 뮤추얼펀드와 같은 거물들이 포지션을 구축하기 위해 매일 일정한 종목을 사는 데는 몇 개월이 걸릴 수도 있다. 더 작고 더 민첩한 헤지펀드로서 우리의 위치를 이용하기 위해 우리는 기회를 최대한 활용해야 한다.

마크는 크레이머 앤드 컴퍼니 칠판에 그림을 그리며 그에 대해 설명해 주었다. 코끼리 등 위에 앉아서 무임승차를 하는 작은 새가 있는 그림이었다.

"제약회사들을 봐!"

짐이 의자에서 뛰어오르듯 일어서며 외쳤다. 주요 제약회사들의 주가가 개장 때에는 별 변화가 없더니 갑자기 오르기 시작한 것이다. 짐의 다중 스크린은 여러 업종으로 나누어져 있었다. 이러한 방식으로 그는 사야 할 업종과 팔아야 할 업종들에 신속하게 접근할 수 있었다. 돈은 한쪽에서 오면 종종 다른 한쪽으로 향한다.

"그곳이 돈이 가는 곳이야!"

"조니 존(Johnny John)은 아직도 0.5달러 하락한 상태인데 다른 종목들은 모두 위로 움직이기 시작했어요. 그러니 돈이 그쪽으로 몰릴 수밖에요."

제프가 덧붙였다. 짐은 그가 매수한 MRK(머크)와 PFE(화이저)에 관한 결과를 보고받자마자 1만 주씩 추가로 매수 주문을 냈다.

"조니 존 1만 주도 매수 주문을 내주시오."

짐이 수화기에 대고 말했다.

그때 비둘기 한 마리가 사무실의 더러운 창문틀에 날아와 앉아 구구대며 울었다.

"닉!"

짐이 큰 소리로 외쳤다.

"저놈 좀 닥치라고 그래!"

나는 달려가 창문을 열 수 없기 때문에 유리창을 두드렸다.

"조용하게 좀 못하나!"

샐도 소리를 질렀다. 하지만 비둘기는 꿈쩍도 하지 않고 계속 울어 댔다. 짐은 "저놈을 죽여 버려!" 라고 고함을 친 후, 허공에 주먹질을 하면서 수화기를 통해 주식중개인에게 계속해서 말했다.

"당신에게 말한 게 아닙니다. 그놈의 새를 죽이라고 왜 당신에게 말하겠습니까? 조니 존은 어떻게 됐지요?"

나는 비둘기가 날아가라고 계속해서 창문을 두드렸다. 그래도 전혀 동요하지 않는 것을 보니, 분명 뉴욕에서 오래 산 비둘기일 것이다.

"시스코를 확인해 봐!"

짐이 성질을 내며 소리쳤다. 개장 벨이 울리고 몇 분 지나지 않아 시스코 주가가 급격히 하락했기 때문에 갑자기 매수세가 몰렸다. 짐은 자신의 **레벨 투 스크린**의 모든 투자전문가들이 매수 주문을 내는 것을 보았다. 레벨 투 스크린은 나스닥이라는 이름 아래 모든 사람들이 유리한 입장에 서기 위해 움직이는 것을 볼 수 있는 곳이다. 주식이 매도 물건으로 나오거나 가격이 하락하면 모든 투자전문가들은 매수 가격을 제시한다.

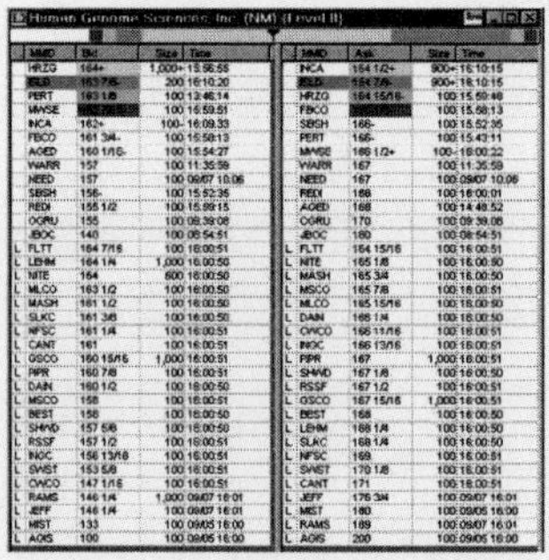

레벨 투 스크린 _ 나스닥으로 들어가는 스크린으로, 대형 투자회사에서 많은 투자자들의 주식을 관리 조정할 목적으로 만들어졌다. 레벨 투 스크린의 경우는 실시간 스트리밍 데이터가 제공되는데, 프로들은 이 스크린을 보면서 대규모 물량 공세를 쏟아 붓기도 하며 주가에 강한 영향을 끼친다.

반대로 매수 주문이 있거나 가격이 오르면 모두 매도로 입장을 바꾼다. 수량과 가격 다음으로 중요한 것은 골드만삭스, 메릴린치, 모건스탠리, 살로먼 스미스 바니와 같은 증권회사들이다.

시스코는 단지 0.875포인트 하락했다. 그러고 나서 가격이 다시 올라 0.75포인트만 하락했다.

"마크, 시스코 1만 주를 더 매수해. 그

리고 미스터 소프티(Mr. Softie)도 1만 주 사고."

짐은 마이크로소프트를 '미스터 소프티'라고 즐겨 불렀다. 그 이름을 부르고 싶어서 일부러 마이크로소프트 주식을 매매할 정도였다.

"0.5에 매도하겠다고 했지만 가격이 오르고 있는데 그 가격으로 처리하겠단 말인가요?"

샐은 짐이 보았듯이 가격이 상승하는 것을 보고는 시세로부터 꽁무니를 빼는 주식중개인에게 큰 소리로 불만을 나타냈다.

"그놈이 누구야?"

짐이 일어서서 샐 쪽으로 몸을 기울이며 말했다.

"시세가 확실한데 그렇게 발뺌하는 놈이 도대체 누구야?"

짐의 거래 전용 전화통들이 계속 울려댔다. 새로 매수 주문을 한 머크와 화이저 건일 것이다. 나와 클라크는 재빨리 수화기를 들었다. 짐이 샐에게 큰 소리로 말할 때 우리도 동시에 평균 가격과 총계를 짐에게 외쳤다.

"거래에 제시된 전량을 매수하거나, 그렇지 않으면 거래가 성사되지 않는 게 월스트리트의 규칙이야!"

"두 번에 나누어도 괜찮을 겁니다."

샐이 자신의 의견을 말했다.

"주문이 안 돼. 주문이 안 된다니까!"

짐은 그와 샐 사이에 놓여 있는 모니터 상단을 손으로 내리치며 소리쳤다. 샘은 즉시 취소 통보를 했다.

주식중개인은 'out' 통보를 해왔다. 그것은 아무것도 이루어지지 않았다는 의미였다. 그리고 우리와 50만 주 전체를 거래하기로 결정했다.

"전액을 지불하지도 않고 무얼 사려고 하지도 않을 거야."

짐이 선언하듯 말했다.

여러분이 그가 하듯이 거래를 하면 한 푼이라도 따지게 될 것이다. 그리고 그것이 그를 더 어렵게 만들 것이다.

"엿이나 먹으라지."

짐이 소리지르며 샘이 전화를 끊기 전에 수화기를 움켜잡고는 고함을 쳤다.

"당신같이 경박한 사람과는 사업을 할 수가 없소!"

그는 수화기를 쓰레기통에 내던졌다. 샘은 10개의 다른 옵션용 전화 벨이 울리자 그 수화기를 끄집어냈다.

이제 시스코는 단지 0.63 하락한 상태였다.

"방금 매수한 시스코 1만 주 즉시 매도해."

짐이 마크에게 말했다.

마크는 마이크로소프트 거래 결과를 알기 위해 여전히 수화기를 들고 있었으므로 클라크에게 부탁했다. 나는 조니 존의 새로운 매수 건을 처리하기 위해 짐의 다른 전화선을 사용하고 있었다. 샘은 멜론으로 더러워진 수화기를 닦기 위해 열심히 냅킨을 찾고 있었다.

9시 45분, 선물 가격이 지지선을 넘어 하락하기 시작했다. 짐은 상승하지 않은 기술주가 있는지 확인하기 위해 모니터를 살폈다.

"모건스탠리가 이제 막 머크 매도로 돌아섰습니다."

마크가 연결해 주었다.

"골드만삭스가 대규모 물량의 화이저를 매도할 데가 있다고 합니다."

클라크가 덧붙였다.

짐은 수화기를 들고 객장의 주식중개인에게 머크와 화이저의 주식을 각각 1만 주 매도할 것을 주문했다.

"빨리 처분하도록 하시오."

그는 그 주식중개인이 모건스탠리와 골드만삭스를 통해 일을 정확히 처리해 주기를 바랐다.

"돈이 다시 기술주 쪽으로 몰리려고 해."

짐이 외쳤다. 제프도 동의했다. 짐은 다시 수화기를 집어들고 개장할 때 공매한 EMC 주식 1만 주를 재빨리 사들였다.

"조니 존이 0.5포인트 올랐습니다."

제프가 말했다. 그가 말을 끝내기도 전에 짐이 다른 수화기를 들어 주식중개인에게 그 주식도 팔라고 말했다. 그리고 스크린을 바라보더니 마크에게 두 전화기를 손으로 가리켰다.

"인텔 5000주, 아니 5만 주, 그리고 마이크로소프트 1만 주 더 매수해. 선마이크로는 뭐가 잘못됐어?"

짐이 제프를 보며 말했다. 제프는 확인하기 위해 즉시 메릴린치 애널리스트에게 전화를 걸었다. 두 포인트가 낮았다. 그 업종의 다른 종목보다 훨씬 낮았다. 제프가 전화번호를 다 돌리기도 전에 선마이크로의 주가가 선물을 따라 변화를 보이기 시작했다. 점검할 시간조차 없었다.

"선마이크로 1만 주를 사! 지금 당장."

짐이 마크에게 소리쳤다.

그때 샐이 우리가 매수한 시스코 콜옵션에 관한 자료를 접수했다.

"샐, 그 셔츠 시어스 카탈로그에서 샀나?"

짐이 비웃듯이 물었다. 샐은 빨간색과 푸른색 줄무늬가 있는 셔츠를 입고 있었다. 우리는 그 옷을 다시는 볼 수 없을 것이다.

"수요일이 셔츠의 날이라…… 정말 멍청한 짓이야."

"수요일이라 셔츠를 입은 것은 아닙니다."

샐이 더듬거리며 말했다. 짐이 마크를 향해 몸을 돌리며 말했다.

"마크, 브리스톨 마이어스 1만 주 매도하도록."

"우린 브리스톨 마이어스를 산 적이 없습니다."

마크가 대답했다.

"콜옵션을 소유한 게 있잖아!"

선마이크로시스템스 _ 1982년 4명의 스탠퍼드대학 친구들이 모여 세운 회사. '네트워크야말로 컴퓨터(The Network is the Computer)'라는 비전을 통해 인터넷을 구현하는 하드웨어, 소프트웨어, 서비스를 제공하는 대표적인 기업으로 전세계 기업들의 사무 활동을 현대화하는 역할을 해왔다. SUN은 원래 Stanford University Network의 준말이며, 이들은 반(反)빌게이츠 선봉에 서 있다.

짐은 일이 지연되는 것에 짜증을 내면서 마크에게 알려 주었다. 우리는 콜옵션을 소유하고 있으므로 실제로 주식을 소유하고 있지는 않지만 그 주식을 살 권리를 가지고 있었다.

"공매도를 할까요?"

마크가 확인차 물었다. 마크는 증권거래위원회 규정에 따라 소유하고 있지 않은 주식을 파는 게(콜옵션을 소유해도 마찬가지임) 공매도로 명시되고 처리되어야 한다는 것을 알고 있었다.

"헷갈리게 하지 말고 시키는 대로 팔란 말이야."

짐은 사소한 일에 시간을 낭비하고 싶지 않다는 듯 내뱉듯이 말했다. 이 경우에 '플러스 틱(plus tick : 전회 매매가보다 높은 거래)' 규정을 회피한다고 해서 꼭 돈을 더 벌 수 있는 것은 아니지만, 짐이 보기에 그 규정은 쓸데없는 것이었다.

"그 문제는 다시 언급하지 말아."

"선마이크로로는 아무 문제가 없습니다."

그때 제프가 수화기를 놓으며 끼어들었다.

"지금까지 내가 무얼 했지?"

짐이 마크에게 물었다. 마크는 지난 몇 분 동안 골드만삭스로부터 경과 보고를 받으려고 애썼다. 주가는 짐이 주문을 낸 이후 0.25포인트 올랐다.

"마크, 도대체 선마이크로로는 어떻게 된 거야?"

"제발 경과 보고 좀 해주시오."

마크가 주식중개인에게 요청했다.

짐은 의자에 앉아 양손으로 자신의 머리를 쥐어뜯고 있는 것 같았다. 머리카락이 뿔처럼 솟아올랐다. 제프를 바라보는 그의 얼굴이 벌게지고 있었다. 제프는 멍하니 입을 벌리고 그를 바라보았다. 마크가 무슨 큰 잘못을 하고 있다고 여기는 것 같았다.

"제기랄, 날 망하게 할 작정이야?"

짐이 마크에게 소리쳤다.

"평균 52달러 50센트에 SUNW(선마이크로시스템스) 1만 주입니다."

마침내 경과 보고를 받은 마크가 안도하며 짐에게 보고했다.

"그게 아니야!"

짐이 공중에 손을 저으며 불만 섞인 목소리로 말했다.

"처음에 0.25에 주문을 했다고!"

"사장님, 1만 주입니다. 이미 처리됐습니다."

마크는 결과가 그렇게 나쁘지만은 않다고 주장했다.

"당신 도대체 누구 편이야?"

짐이 물었다.

"1만 주 추가로 매수해."

"베어스턴스가 시스코 매수 물량 5000주 가지고 있습니다, 사장님. 그들은 0.75를 지불할 예정입니다."

샘이 외쳤다.

"J&J 1만 주를 팔았습니다."

클라크가 보고를 했다.

"시스코 4월물 콜옵션 가격을 알기 원하십니까?"

나는 짐에게 물었다.

일찍이 0.50의 주문에 응하고 0.75를 지불하려고 하는 주식중개인들은 제 역할을 잘 하려고 하는 사람들이다.

오전 10시 반이 거의 다 되었다. 하지만 거래용 전화들은 계속해서 울려댔다. 우리는 모두 일어서서 전화를 받고, 주식중개인들에게 우리가 꼭 들을 필요가 없는 말은 하지 말아 달라고 부탁했다.

"아직도 그들에게 처리해야 할 큰 주문이 있는지 알아봐."

짐이 우리 모두에게 지시하고는 샘 쪽으로 돌아서며 말했다.

"0.875에 시스코 50만 주 매도하도록."

"시세가 0.75입니다."

샘이 짐에게 말했다.

"알고 있어. 어쨌든 내 말대로 하라구."

짐이 샘을 노려보더니, 클라크 쪽으로 몸을 돌리며 지시했다.

"머크 5000주와 화이저 5000주도 매도해."

클라크는 곧바로 매도에 착수했다.

마크가 짐에게 보고했다.

"51.125에 마이크로소프트 1만 주 더 매수했습니다."

"사장님."

나는 짐에게 시스터 콜옵션에 대해 다시 묻고 싶었다.

"필요 없어. 아무것도 하지 말라고 했잖아, 바보 같은 놈!"

짐이 나를 노려보며 말했다.

"그냥 놔두세요."

나는 수화기에 대고 말했다.

"내가 산 마이크로소프트 2만 주 평균 단가가 어떻게 되지?"

짐이 물었다.

"51, 아니 51.125입니다."

클라크가 대답했다.

"나도 2만 주 평균 내기가 어렵다는 건 알아."

짐이 신랄한 어조로 비꼬았다.

이때쯤 선물 거래가 끝나고 시장은 그날 내내 거의 변하지 않았다.

"시황이 별로 좋지 않아. 난 매도가 다 끝났다고는 생각하지 않아."

짐이 무언가를 깊이 생각하며 말했다.

"AMD는 실적 부진이고, SBC는 신용등급 하락 상태가 아직도 진행중입니다."

제프가 동의했다.

"매수한 선마이크로의 평균 가격은 얼마지?"

짐이 물었다.

“52.50입니다. 두 번째 매수한 1만 주 가격도 그와 동일합니다.”

클라크가 대답했다.

“선마이크로는 어떻게 되었나?”

짐은 마크를 바라보며 물었다. 마크는 상황 보고를 두 번 받았다. 그는 둘 다 가격이 너무 높다고 생각했다.

“골드만삭스는 첫 번째 1만 주는 매도했고 두 번째 1만 주는 공매를 했습니다.”

마크가 설명했다. 골드만삭스 투자전문가는 첫 번째 1만 주를 매도해 차액을 챙겼다. 두 번째 1만 주는 환매를 해야 했다. 그는 자신이 소유하지도 않은 1만 주를 팔았다.

“그가 우리에게 도움을 주었다고 생각하나?”

짐이 물었다.

“그가 우리에게 도움을 주었다고 생각하냐고요?”

“그래, 똑똑하군. 그럼 들은 대로 대답을 해보시지.”

“그러니까…….”

“그놈들 엿이나 먹으라고 해! 그리고 메릴린치에 전화해서 2만 주 매수 주문을 해.”

“메릴린치에 지금 전화하라고요?”

마크가 반복했다.

"이 방에 왜 이렇게 메아리가 치나? 당신은 도대체 누구 편이야?"

짐이 물었다.

마크는 수화기를 들어 메릴린치 투자전문가에게 선마이크로 2만 주 공매를 요청했다. 그 투자 전문가는 다시 한 번 그들이 소유하지 않은 주식을 매도했다.

"좋아, 잘 했어요."

마크가 말했다.

"레만에 전화해 2만 주 매수 주문을 하게."

짐이 지시했다.

"사장님."

마크는 짐의 의도를 알아채고 그렇게 하지 않도록 설득하려 했다.

"여기는 월스트리트야."

짐은 책상 너머로 거래 책임자인 마크를 바라보며, 마치 두 살 먹은 아이에게 무언가를 설명하듯 점잖게 말했다.

"그것이 바로 우리가 하는 일이야."

마크는 수화기를 들고 레만의 투자전문가에게 선마이크로 2만 주를 추가로 공매해 줄 것을 요청했다. 세 곳의 다른 투자전문가에게 공매 주문을 낸 것이다. 그 세 명의 투자전문가들은 나중에 그들의 포지션을 정리하기 위해 동시에 선마이크로 주식을 매수하려 들 것이다. 그들 세 투자전문가는 자신의 경쟁자가 매수하려는 것을 보고, 그 결과가 어떻게 될지 알지 못하고 걱정할 것이다. 크레이머 앤드 컴퍼니만이 그 답을 알고 있다. 짐이 고전적인 공매 문제를 야기한 것이다.

짐이 모니터 화면을 들여다보며 히죽 웃었다. 골드만삭스, 메릴린치, 레만 모두 매수 주문을 내 선마이크로의 주가를 끌어올리고 있었다. 마크는 이런 현상을 '기총소사'라고 불렀다. 모든 투자전문가들과 동시에 접촉해야 하기 때문이다. 마크는 그렇게 하는 것을 좋아하지 않았지만 짐이 자신을 가만히 놓아 두지 않으리라는 것은 분명했다.

"자, 박스에 매도할 주식을 내놓자구."

짐이 지시했다. 박스란 인스트넷을 말한다. 마크는 짐이 지시하는 대로 조치를 취했다. 우리는 30초 전에 투자전문가들에게서 싸게 매수한 6만 주를 모두 다시 그들에게 얼른 되팔았다. 투자전문가들의 비용으로 신속하게 돈을 버는 방식이었다.

"개장 때 매수한 컴팩 1만 주 매도하도록."

짐이 클라크에게 큰 소리로 지시했다. 그와 동시에 한 주식중개인에게 남아 있는 머크와 화이저 주식 5000주를 매도하라고 말했다. 그는 수화기를 놓자마자 모니터를 바라보며 말했다.

"마크, 정말 당신은 누구 편이야?"

"0.875에 시스코 4월물 50만 주 팔았습니다."

샐이 끼어들었다. 그때 비서가 들어와서 짐에게 점심식사로 무엇을 먹겠느냐고 물었다. 오전 11시가 거의 다 되었던 것이다. 짐은 점심식사가 늦어지면 화를 낼 수 있었다. 그녀는 미소를 지으며 "하노버 식당의 '오늘의 스페셜 요리'가 사장님이 좋아하시는 겁니다"라고 말했다.

"뭐라고?"

짐이 그녀를 노려보았다.

"하노버 식당에서 오늘 사장님이 좋아하시는……."

말이 끝나기도 전에 짐이 그녀의 머리를 향해 연필을 던졌다.

"당장 꺼져!"

짐이 소리를 질렀다.

마크가 브리스톨 마이어스를 매도했던 가격을 찾고 있고, 클라크가 컴팩을 매도하려고 할 때 거래용 전화기 벨이 일제히 울렸다. 그때 나는 비서에게 짐의 점심식사로 늘상 먹는 음식을 주문하고, 짐이 화난 것에 대해 너무 신경 쓰지 말라고 말했다.

"당신을 정말 때리려고 한 것은 아닐 겁니다."

나는 그녀를 위로하려고 했다.

"잘은 모르겠지만 사장님은 그저……."

난 포기하고 말았다.

샐은 우리가 보유하고 있는 시스코 콜옵션 50만 주를 베어스턴스를 통해 매도 주문을 냈다. 그때 짐이 샐에게 그 콜옵션을 팔아야 한다고 손으로 신호를 보냈다. 선물 가격은 또다시 하락하고 있었다.

"샐, 우리가 매수했던 시스코 4월물 50만 주 매도하게."

짐이 말했다.

"마크, 마이크로소프트 2만 주도 팔아! 팔아 버리라고."

그는 손을 흔들어 대면서 외쳤다.

"남아 있는 시스코 1만 주도 팔아! 마이크로소프트를 팔았나?"

짐은 벨소리가 울리는 수화기를 들었다. 순간 그의 얼굴이 홍당무처럼 빨개졌다. 그는 소리를 질렀다.

"그건 말도 안 되오. 인정할 수 없소!"

주식중개인이 머크 주식을 그가 주문한 가격보다 0.125 싸게 매도한 것이었다.

"제기랄, 인텔은 어떻게 된 거야?"

짐이 마크를 바라보며 말했다.

"인텔 2만 주가 어떻게 되었냐니까?"

짐은 이제 거래용 책상에 올라가 펄쩍 뛰며 소리를 질러 댔다. 책상이 부서질까 봐 걱정이 될 정도였다. 하루가 채 반도 지나지 않은 시점이었다.

한 시간 후, 거래가 뜸해졌을 때 나는 침대방에서 좀 쉬어도 되느냐고 마크에게 물었다. 그는 좋다고 대답했다. 내가 사무실로 돌아오자마자 제프가 내게로 몸을 기울이더니 이렇게 말했다.

"나는 첫해 임대료를 계약 즉시 수표로 지불할 수 있었기 때문에 57번가에 아파트를 구할 수 있었지. 헬스클럽이 있다고 얘기했던가?"

"예, 그래요."

"주차장 얘기도 했나?"

"예, 주차장 얘기도 했어요."

"난 센트럴파크도 보고, 운동도 하며, 빌딩을 나가지 않고도 내 BMW에 올라탈 수 있지."

그가 설명했다.

"그런데 시스코 IR(Investor' s Relations) 부서에 전화해서 전화회의 정보 좀 입수해 주겠나? 밖에 눈이 오거나 온도가 섭씨 43도라고 생각해 봐. 냉방이 된 헬스클럽에서 냉방이 된 내 차까지 가고, 냉방이 된 내 아파트까지 연결되니 그보다 더 좋은 것이 어디 있겠나."

"정말 좋겠습니다."

나는 외부 통화용 수화기를 들어올리며 대답했다. 그리고 블룸버그(Bloomberg) 단말기에서 전화번호를 찾아 시스코 본사에 전화를 걸었다.

1분이 채 안 되었을 때 IR 담당자가 전화를 받았다. 그녀에게 전화회의 전화번호를 물었을 때 짐이 뒤에서 외치는 소리가 들려왔다.

"도대체 무슨 일이 일어나고 있는 거야?"

나는 귀 한쪽을 손가락으로 막고, 전화 통화를 계속하기 위해 책상 아래로 몸을 숙였다. 전화회의에 귀를 기울이거나, 회사 담당자와 대화를 나누거나, 하노버 델리에 전화하는 것이 내가 하는 일들이었다.

시스코 IR _ 기업의 경영 내용과 미래 전망에 대해 포괄적인 정보를 투자가들에게 제공하여 결과적으로 기업의 자금 조달을 원활하게 하는 활동.

블룸버그 _ 금융시장의 뉴스와 데이터 분석 정보를 서비스하는 미국의 미디어 그룹으로, 고객에게 전용 단말기를 통해 정보를 제공한다.

"그건 받아들일 수 없어!"

짐이 소리쳤다.

"거기에 무슨 일 있습니까?"

그 회사 담당자가 물었다.

"아무 일도 아닙니다."

나는 대답을 하고 다시 전화회의의 전화번호를 물었다.

"엿이나 먹으라고 해!"

짐이 소리를 질렀다. 길 건너편에서 진행중인 공사 소음이 점점 더 커지고 있었다. 사무실의 더러워진 창문이 둘 다 열리지 않기 때문에 짐은 제프의 사무실로 뛰어들어가 창문을 열고 아래를 향해 고함을 질렀다.

"제기랄, 조용히 하라고! 조용히 하라니까!"

그가 창문 밖으로 너무 몸을 내밀고 있어 금세라도 아래로 떨어질 것만 같아 보였다.

"너나 아가리 닥쳐라! 이 멍청한 놈아, 너나 닥치라고!"

위에서 누군가 소리쳤다.

"너나 엿 먹어라!"

짐이 위를 올려다보며 소리쳤다. 그러나 상대가 보이지 않자 몸을 창문 안으로 들이밀고 말했다.

"너," 짐은 거래용 책상 앞 자기 자리로 돌아오면서 양손으로 나를 가리켰다. 나는 전화회의 번호를 적다가 고개를 들고 그를 쳐다보았다.

"가서 좀 조용히 하라고 얘기하고 와!"

나는 제프를 힐끔 보았다. 그가 '빨리 가게나' 라고 말하는 것 같았다.

마지못해 나는 건설 현장으로 가기 위해 아래로 달려 내려갔다. 나는 옆 빌딩에 가서 커피나 마시면서 시간을 보낼 생각이었다. 하지만 밖에 나와 위를 쳐다보니 제프의 창문에 나를 내려다보는 다섯 명의 얼굴이 보였다. 나는 건설 현장에 가지 않을 수가 없었다.

먼발치에서 보니 50명쯤 돼 보이는 덩치 큰 노동자들이 일을 하고 있었다. 나는 옷이 많이 더럽혀 있지 않은 사람이 현장 주임일 거라고 생각하고 깨끗한 모자를 쓰고 있는 사람에게 걸어갔다. 덩치가 내 두 배는 되는 것 같았다. 그는 손에 큰 해머를 들고 있었다.

"실례합니다."

나는 큰 소리로 외쳤다.

"뭐지요? 당신은 누구요?"

내 초록색 하와이식 셔츠를 바라보며 그도 큰 소리로 물었다.

"나는 저 위에서 일합니다."

나는 우리 사무실을 가리켰다.

"소음을 줄일 수 있는지 알고 싶어서 왔습니다."

"뭐라고요?"

그는 시멘트 트럭과 유압 승강기 소리로 내 말을 알아듣지 못했다.

"좀 더 조용히 공사를 할 수 없냐는 말이오!"

나는 소리를 질렀다.

그 남자는 내가 제정신이 아니라는 것처럼 나를 바라보았다.

내가 사무실로 돌아갈 때 소음은 그 전과 다를 바 없었다. 짐의 얼굴에는 실망스러운 표정이 역력했다.

"자네 때문에 20달러가 날아갔어."

그가 말했다.

"노력은 했습니다만……."

"난 자네가 잘 처리하리라 생각했지."

"나는 그렇게 생각하지 않았습니다."

제프가 웃으며 말했다. 그의 손에는 내기를 해서 짐에게 딴 돈 20달러가 들려 있었다.

짐을 화나게 한 유일한 것은 12시 30분이 다 되었는데 점심식사가 아직 도착하지 않았다는 것이었다.

"내 점심은 어디에 있지?"

짐이 애써 감정을 억누르며 물었다. 오전에 자신이 화를 내 비서가 눈물을 흘렸기 때문이었다.

오후 3시 30분까지 크레이머 앤드 컴퍼니는 거의 500만 주를 거래했다. 2억 5000만 달러어치의 주식이 매매된 것이다. 실적이 좋은 날이었다. 50만 달러 정도를 벌었던 것이다. 월스트리트에 15만 달러를 수수료로 지불하고도 남은 순수익이다. 자금 면에서 볼 때 포지션은 아침이나 지금이나 별 차이가 없었다. 짐이 생각했던 것처럼 시장은 매도 공세가 컸다. 주가가 다시 한 번 저점을 찍을 공산이 커 보였다.

클라크와 나는 주식중개인들과 함께 정산을 해야 했기 때문에 그날 저녁 8시가 되어서야 사무실로 돌아왔다. 하노버 식당은 아침과 점심 식사를 하기에 좋은 곳이었다. 하지만 밤이 되면 분위기가 별로라서 저녁 식사를 하기에는 적합한 곳이 아니었다. 마크는 그날 우리가 거래한 투자전문가들과 손실에 대해 의견을 나누고 있었다. 그래야 그들이 내일 우리와 다시 거래하게 될 것이다. 샘은 새 셔츠를 사기 위해 온라인 쇼핑몰을 검색하고 있었다. 짐과 제프는 의자에 앉아 여전히 모니터를 바라보고 있었다.

"주가가 하락하고 있어."

짐이 말했다.

"그렇게 보이는군요."

제프가 동의했다.

"시스코 게 뭐가 남아 있지?"

짐이 샘을 건너다보며 물었다.

"4월물 콜옵션 1천 계약이 남아 있습니다."

샘이 대답했다. 그날 아침 콜옵션 1천 계약을 산 후 우리는 그것들을 매수자인 베어스턴스에 넘겼다(참고로 콜옵션 1천 계약은 주식 10만 주에 해당한다. 1계약이 100주에 해당하기 때문이다). 오후 중반에 그 콜옵션의 가격이 하락했다. 짐은 처음 매수할 때와 동일한 가격에 다시 사들였다.

"대기 중에 있습니다."

샘이 덧붙였다.

"시스코의 주가가 절대 나쁘지는 않을 것입니다."

제프가 주장했다.

"증시 마감 때 주식의 흐름을 잘 파악하라구. 그때가 모든 사람들이 내가 생각하는 것을 이해하게 되는 때지."

짐이 덧붙였다.

"그렇게 하고 있습니다."

제프가 대답했다.

오후 4시 마감을 알리는 벨이 울리기 15분 전, 시스코는 정확히 짐이 예상했던 흐름을 보여 주었다. 주가가 흐름에 역행하여 반등하기 시작한 것이다. 기술주 중심의 나스닥 시장에서 대부분의 주식이 매도세로 돌아서서 하락하고 있는 반면 시스코는 0.125 상승했다. 벨리 울리기 5분 전에는 0.50까지 올랐다.

"시스코 4월물이 지금 얼마지?"

짐이 샘에게 물었다.

"매도 주문이 0.25에 나와 실제는 0.125에 매도됩니다."

"0.125에 매도된다고?"

짐이 제프를 바라보며 되물었다.

"그것들을 팔아 버려."

짐이 결정했다.

4시 32분, 클라크와 마크, 샐, 그리고 내가 그날의 거래 기록을 정리하고 있을 때 비서가 짐에게 다가왔다. 그때 그는 다중 스크린으로 헤드라인들을 의무적으로 훑어보고 있었다. 비서는 짐의 정신과 의사에게 온 메시지를 전달했다. 짐에게 보내는 처방전으로, 워터 스트리트에 있는 듀언 리드 약국이라고 적혀 있었다.

"나한테서 멀리 떨어져 있으라고 말한 것 같은데!"

짐이 소리를 질렀다. 그러고 나서 서진(書鎭: 책장이나 종이가 바람에 날리지 않도록 누르는 물건)을 집으러 가자, 그녀는 재빨리 자리를 떴다.

"그 빌어먹을 약 안 먹겠다고 얘기했잖아!"

그때 갑자기 시스코의 가격이 화면에 떴다. 기대했던 것보다 3센트 높았다.

"제기랄, 엿이나 먹으라고 해!"

짐이 모니터 뒤에서 소리를 질렀다.

"증시가 뜨거워지고 있습니다."

그를 안정시키려고 애를 쓰면서 제프가 말했다.

"난 증시가 횡보를 할 줄 알았어."

짐은 자신의 머리를 잡아뜯었다. 그는 레벨 투 스크린을 내려다보면서 주식을 사기 위해 ECN에 들락거리는 매수자들이 많음을 확인할 수 있었다. ISLD(Island), BRUT(Brut), INCA(Instinet) 등 모두 그의 모니터 상에 떠 2만 주, 5만 주, 10만 주 등의 매수 주문을 내놓고 있었다. 거래소가 공식적으로 마감된 이후였으므로 거래는 ECN에서만 이루어졌다.

나스닥 선물이 20포인트 오르더니 곧 30포인트까지 뛰어올랐다. 내일은 기술주에게는 좋은 날이 될 것이다. 크레이머 앤드 컴퍼니는 그러한 움직임을 이용할 만한 수준에 와 있지는 않았다.

시스코 실적이 화면에 보였다. 다우존스 헤드라인은 시스코가 예상했던 것보다 매출이 수억 달러 줄어든 것으로 발표했다. 짐은 주가가 하락하기 시작하는 것을 보았다. 여러 ECN을 통해 매도 주문이 수십만 주 나왔다. 나스닥 선물은 급락하여 20에서 30으로, 30에서 40포인트로 급강하했다.

"시스코를 다량 보유하고 있는 것은 너무 위험해! 그럴 줄 알았다니까."

짐이 정신없이 소리치기 시작했다.

"그 바보 같은 돈(Don)! 그런 생각으로 그가 얼마나 많은 투자자들을 죽였을까?"

짐은 수화기를 들고 돈의 번호를 돌렸다. 돈은 메릴린치의 주식중개인이었다. 그날 아침 시스코를 추천해 준 인물이다.

"그렇게 하면 언젠가는 죗값을 치르게 되어 있지. 그 자식, 정말 멍청한 놈이야! 그 친군 이제 우리 일에서 손을 떼도록 해."

"사장님이 얘기하세요."

제프가 말했다.

다우존스 뉴스는 최신 헤드라인으로 장식되고 있었다. 수정된 최근 정보였다. 시스코의 총수입은 실제로 기대했던 것보다 2억 달러가 더 많았다. 이전의 헤드라인은 잘못 작성된 것이었다. 짐은 수화기를 거래용 책상에 떨어뜨렸다. 시스코는 갑자기 매수세로 돌아섰다. 나스닥 선물은 다시 한 번 급등하기 시작했다.

"제기랄!"

짐이 소리쳤다. 그는 몹시 걱정스런 표정으로 모니터 뒤에 서 있었다. 그의 셔츠 윗단추들은 끌러져 있었고 넥타이도 느슨하게 풀어져 있었다. 그리고 앞이마는 땀으로 얼룩져 있었다.

"개자식!"

짐은 모니터를 머리 위까지 들어올린 다음, 사무실 바닥에 내동댕이쳤다. 유리가 산산조각이 났다. 모니터 한가운데서 연기가 피어 올랐다. 그제야 그의 책상 뒤에 왜 그렇게 새 부속품이 많이 있는지 알 수 있었다. 나는 모니터를 짧은 시간 안에 교체할 수 있을 것이다. 하지만 너무 일찍 서둘러서는 안 된다. 아직 끝난 게 아니었다.

짐은 그 옆에 있는 하드디스크를 발로 차고 부서진 부품들 위에서 날뛰었다. 그러고 나서도 분이 풀리지 않는지 거래용 책상 전체를 들어올리려고 했다. 하지만 책상은 꼼짝도 하지 않았다. 그는 다시 한 번 시도

했다. 그의 머리가 마치 폭발할 것처럼 보였다. 끝내 책상을 들어올릴 수 없자, 짐은 탈진 상태로 의자에 털썩 주저앉고 말았다.

정보를 먼저 입수하라

모든 펀드매니저들이 거래당 몇 센트의 순익을 올리면서 25센트 또는 50센트를 벌기 위해 매 분마다 거래를 하는 것은 아니다. 하지만 짐은 매일 그렇게 한다. 그가 가장 좋아하는 것은 첫째도 거래고, 둘째도 거래고, 셋째도 거래였다. 그는 이러한 방식으로 꾸준히 돈을 벌었다. 모든 게 잘못되어 가는 것처럼 보일 때가 있었다. 하지만 짐의 능력과 에너지가 회사를 구했다.

짐은 그러한 자신의 업무 스타일이 다른 혜택도 가져다 주었다고 생각했다. 그 중 하나는 크레이머 앤드 컴퍼니가 월스트리트에 소재한 모든 대형 증권회사에 엄청난 수수료를 지불하고 있다는 것이었다. 어떤 사람들은 이것이 최대로 절감된 비용 때문이지 짐 때문이 아니라고 주장할 것이다. 그의 전략은 거래로 돈을 벌면서 동시에 월스트리트에 수수료를 지불할 수 있다면 분명 수익이 있다는 것이었다. 그래서 어느 누구라도 잘하는 것을 보는 게 모든 사람들의 관심사였다.

언젠가 짐에게 이 엄청난 중개 수수료에 대해 물어 본 적이 있었다. 그 질문은 짐 크레이머보다 개인 투자자인 내가 왜 수수료를 덜 지불해야 하느냐는 것이었다. 그는 매일 수백만 주를 거래했다. 만약 내가 주식 1000주를 사길 원한다면, 거래를 하기 위해 주식중개인에게 8달러를 지불해야 한다. 이에 비해 짐은 뉴욕 증권거래소 거래에서 주당 6센트를 주식중개인에게 지불했다. 그것은 같은 1000주를 거래할 때 그가 주식중개인 수수료로 60달러를 지불해야 한다는 것을 의미했다.

"자네들은 시어스 카탈로그를 보고 살 수도 있고, 바니스(뉴욕 최고급 백화점)에 갈 수도 있지."

짐은 샐을 바라보며 말했다. 그는 자신의 캐시미르 스웨터를 가리키며 말을 이었다.

"어떻게 하든 자신이 지불한 금액에 해당하는 가치를 얻게 되는 거지."

어느 해인가 우리 옵션 사업이 월스트리트에서 가장 큰 뮤추얼펀드 두 곳인 피델리티와 앨리안스에게만 뒤떨어졌다. 그들은 수천억 달러를 운용하며, 그들의 수수료는 수백 개의 펀드에 기반을 두고 있다. 그 펀드들은 대부분 자산 규모가 크레이머 앤드 컴퍼니보다 훨씬 더 컸다. 따라서 우리가 거둔 실적은 대단한 것이었다. 이 실적은 분명 우리를 월스트리트에서 가장 뛰어난 거래처 중 하나로 만들어 놓았다.

해마다 '맥래건 리포트(McLagan Report)'는 여러 기관에서 지불한 수수료에 관한 자료를 발표해 왔다. 주요 증권회사들은 어떤 회사가 가장 큰 거래처이며 그들이 어떤 위치에 있는지 확인하기 위해 그 보고서를 산다. 만약 크레이머가 중개 수수료로 총 5000만 달러를 지불했는데 어떤 증권회사가 단지 5000달러의 중개 수수료만을 벌었다면, 이 증권회사는 더 많은 수수료를 벌기 위해 노력할 것이다. '맥래건 리포트'는 크레이머 앤드 컴퍼니가 여러 증권회사들과 거래한다는 것을 확인시켜 주었다.

짐이 기대했던 것은 그렇게 복잡한 게 아니었다.

어느 날 우리가 소유했던 종목의 주식이 점심 시간이 끝나자마자 갑자기 급락했다. 제프는 여러 곳에 전화를 걸어 본 결과 **크레디트 스위스 퍼스트 보스턴**(Credit Suisse First Boston)이 그 회사의 신용등급을 하향 조정했다는 것을 알아냈다. 제프가 주식중개인에게 그가 저지른 실수에 대해 설명하기도 전에 짐이 모니터를 보더니 갑자기 소리를 지르기 시작했다.

크레디트 스위스 퍼스트 보스턴 _ 스위스에 본사를 두고 있는 크레디트 스위스투자은행의 자회사로 미국에 본부를 두고 있다. 세계 최대 투자은행 중 하나다.

"지금 당장 그 자식하고 통화를 해야겠어!"

그는 제프가 통화하는 것을 보고 중간에

끼어들었다.

"입 닥치고 내 말 들어, 이 얼간아!"

짐은 제프가 귀에서 수화기를 떼어놓기도 전에 소리를 질렀다.

"당신 일이 어떤 것인지 알려 주지. 당신은 생각할 것도 없다구. 당신의 그 멍청한 머리통도 굴릴 필요가 없구! 내가 당신에게 돈을 주는 이유는 새로운 정보가 있을 때 신속하게 전화만 해달라는 거야! 다른 사람에게 전화하기 전에 우리에게 전화만 하면 되는 거라구!"

주요 증권회사들이 고객들에게 제공하는 중요한 정보는 연구 결과다. 모든 증권회사가 대부분의 상장회사들에 관해 연구 · 분석하는 애널리스트들을 보유하고 있다. 그리고 월스트리트는 기업들을 주시하고 그들 주위에서 일어나는 사건들을 판단하고 해석한다. 증권회사로부터의 전화 한 통이 주가에 큰 영향을 미칠 수도 있다.

종종 이 애널리스트들이 말하는 새로운 소식을 듣는 것이 뉴스 그 자체를 듣는 것보다 더 중요하다. 짐은 애널리스트들의 분석이 결과적으로 맞든 틀리든 별 관심을 두지 않았다. 그는 증시에서 확실하게 투자한 후 자기 생각과 가장 가까운 결과만 얻으면 되었다. 그가 관심을 갖는 것은 애널리스트들의 시황 분석이 증시에 미치는 단기적 영향이었다.

베어스턴스이든, 모건스탠리이든, 메릴린치이든, 크레디트 스위스 퍼스트 보스턴이든 주요 증권회사 중 하나가 어떤 기업의 신용등급을 상향 조정하거나 하향 조정하면 우리가 첫 번째로 그 소식을 접해야 했다. 이는 보통 아침 회의 때 거론된다. 이때 애널리스트에게서 걸려온 전화 내용을 전부 거래 담당자들과 검토 · 분석한다. 거래 담당자들은 의뢰인들과 직접 접촉하는 주식중개인들이다.

아침 전화는 새로운 소식을 다른 사람보다 먼저 접하기 위한 수단이다. 오전 8시는 객장이 문을 열기 1시간 30분 전이다. 같은 이유로 상장기업들은 수익과 같은 중요한 정보들을 증시가 열리지 않은 시간에 제공하려고 한다. 이로 인해 투자자들은 거래가 시작되기 전에 정보를 검토하고 평가할 시간을 갖게 된다.

그런데 이 모든 것이 ECN 출현과 함께 달라졌다. 이제 시장은 언제나 개방되어 있다. 폐장 시간이 없어진 것이다. 하루 그 어느 때라도 짐은 주식중개인이 자기에게 제일 먼저 전화해 주기를 바랐다. 우리가 주가가 떨어졌을 때 첫 번째 매도자가 되지 않거나, 주가가 올랐을 때 첫 번째 매수자가 되지 않으면 그는 완전히 돌아 버렸다.

크레디트 스위스 퍼스트 보스턴의 주식중개인이 정보를 입수하고 애널리스트가 아침이나 오후에 처음으로 일자리에 들어섰을 때 우리에게 전화한다면 최상일 것이다. 이것은 증권회사의 애널리스트들이 새로운 소식을 전달할 때 자주 쓰는 방식이다. 그들은 모든 사람들에게 PA 시스템(public address system : 확성장치)을 사용하여 말한다. 그러고 나서 주식중개인들은 전화를 한다. 그래서 애널리스트들이 발표할 때부터 이 새로운 소식이 외부로 전달될 때까지는 시간차가 약간 있다.

크레이머 앤드 컴퍼니에서 우리는 그들이 말할 때 듣기를 원했다. 주식중개인들은 단지 스피커폰만 켜놓으면 되었다. 골드만삭스의 기술 분석 전문가들이 선마이크로시스템스나 EMC와 나눈 대화에 대해 이야기할 때 우리는 처음으로 그 소식을 듣곤 했다. '실망'이나 '기대 이상'과 같은 단어들이 애널리스트들의 입에서 나오자마자 우리는 작업에 착수했다. 집에 있는 투자자들이 증권회사가 발표한 보고서를 CNBC로부터 듣게 될 때쯤이면 모든 대규모 거래처들은 이미 그 정보에 따라 포트폴리오를 조정하고 난 후였다.

크레디트 스위스 퍼스트 보스턴과 전화 통화를 한 다음 짐의 메시지가 전달된 게 확실했다. 그 애널리스트가 거래소 매장의 모든 사람들에게 입을 열자마자 그 주식중개인으로부터 우리에게 전화가 온 것이다. 그 애널리스트가 긍정적인 무언가를 말할 게 있다고 얘기했을 때 짐은 그 소식이 돌기 전에 재빨리 많은 주식을 사들였다. 가격이 0.25달러 오르고, 다시 0.375달러 올랐을 때 우리는 이미 우리 포지션을 확보해 놓은 상태였다. 월스트리트의 다른 사람들이 그 소식을 들었을 때 우리는 이미 일을 다 마무리하고 점잖게 앉아 있었다. **마리아 바르티로모나 데이비드 파버**(CNBC

마리아 바르티로모 _ 월가를 움직이는 CNBC의 스타 앵커. 〈월스트리트저널〉은 최근 "씨티그룹 글로벌 자산운용 담당 CEO 토드 톰슨이 사임한 배경에 바르티로모 앵커가 연루돼 있다"고 보도했다. 뉴욕증권거래소 현장에서 생방송으로 뉴스를 진행한 첫 번째 앵커로도 유명하다. 뉴욕 브루클린 출신의 이탈리아계 미국인으로, 여배우 소피아 로렌과 닮은 외모로 데뷔 시절부터 주목받았다. 뉴욕대에서 저널리즘과 경제학을 공부했고, CNN 비즈니스 뉴스 프로듀서 겸 에디터로 활동하다 1993년 CNBC에 입사했다. 현재 CNBC에서 월요일부터 금요일 오후 3시부터 5시까지 방송하는 '클로징 벨(The Closing Bell)' 진행자.

의 경제 담당 기자)가 CNBC에서 그 정보에 대해 이야기를 나누기 시작할 즈음, 크레이머 앤드 컴퍼니는 그 주식을 팔고 있었다.

때때로 우리는 애널리스트들의 발표를 듣는 첫 번째 회사가 될 필요가 없을 때도 있었다. 그들이 무엇을 말할지 이미 알고 있기 때문이었다.

훌륭한 주식중개인들은 종종 자신의 회사에서 애널리스트들과 대화를 나눈다. 그 장소가 거래소 객장일 수도, 엘리베이터 안일 수도, 구내식당일 수도 있다. 그들은 자식들에 대해, 주말 계획에 대해, 주문 잔량에 대해, 그리고 매매 흐름에 대해 묻곤 한다. 어떠한 변화가 있으면 우리는 주식중개인들이 이러한 정보를 우리에게 제공할 것을 기대했다.

크레이머 앤드 컴퍼니에서 우리는 많은 증권회사의 애널리스트들과 직접 대화를 나누었다. 이들 애널리스트도 주식중개인이 하는 것처럼 거래처 등급을 따진다. 그들은 상대 거래처가 포트폴리오를 어떤 종목으로 구성했는지 쉽게 알 수 있다. 그들은 누구를 어떻게 행복하게 해주어야 하는지도 잘 알았다. 크레이머 앤드 컴퍼니 같은 훌륭한 거래처들에 대한 증권회사 서비스는 그들이 취급하는 회사에 어떠한 변화가 발생하면 즉각 이를 통지해 주는 것이었다. 애널리스트들은 항상 공식적인 발표가 있기 전에 일부 사람들에게 그 정보를 제공한다.

크레이머 앤드 컴퍼니에서 조사 업무를 시작했을 때 나는 이것을 제일 먼저 배웠다. 한 유명한 애널리스트가 나를 저녁식사에 초대했다. 나는 **트리베카 그릴**(뉴욕 금융가에 자리한 유명한 식당)에 도착해 구운 참치 요리를 주문하기 전에 짐에게 또 다른 교육을 받았다.

"애널리스트들하고 외식을 해도 괜찮은 이유는 그들과 대화를 나누면 좋은 정보를 얻을 수 있기 때문이야."

짐이 설명했다.

그가 옳았다. 이 애널리스트는 최근 한 대형 가정용품 상점의 매출이 급감해서 매우 걱정된다고 말했다. 그러면서 신용등급을 현재 검토 중이라고 밝혔다. 크레이머 앤드 컴퍼니는 며칠 후 등급 하락이 있을 즈음 로스(Lowes) 주식 10만 주를 공매했다.

또 한 번은 스미스 바니(Smith Barney)의 애널리스트를 첼시 당구장에서 만난 적이 있었다. 몇 달 동안 나와 전화 통화를 해왔던 사람이었다. 맥주를 몇 잔 마셨을 때 그가 어떤 기업의 본사를 방문했는데 그 회사의 펀더멘털이 전환기를 맞고 있으며 장기적인 전망이 개선되고 있음을 알게 되었다고 말했다.

"당신들은 주식에 등급을 매기는 데 영향력을 가지고 있죠, 그렇지요?"

나는 코너 포켓에 6번 볼을 넣으며 물었다.

"지금은 그렇죠."

그는 세 번째 하이네켄을 들이마시며 대답했다. 그 애널리스트는 내게 솔직히 말했다.

"한 가지만 기억해 주십시오. 그 종목을 매수하려면 우리를 통해 사십시오. 우리는 귀사가 매매하는 모든 거래에 참여하기를 원합니다."

그러한 정보가 크레이머 앤드 컴퍼니와 같은 훌륭한 고객에게 새어 나가는 충분한 이유가 있었다. 이 선임 애널리스트는 회사가 취급하는 주식을 크레이머 앤드 컴퍼니가 거래하도록 함으로써 리베이트를 받았다. 조는 내가 돈버는 것을 도왔다. 그리고 그에 대한 대가를 바랐다. 매수세가 유입되면서 주가가 오를 즈음 크레이머 앤드 컴퍼니는 5만 주를 샀다. 모든 거래는 스미스 바니를 통해 이루어졌다.

나는 미리 조치를 취해 실적을 올려 보려 했지만 짐과 제프가 언제나 나를 앞질렀다. 나의 노력은 단지 잘하는 사람한테 배운 것을 따라하는 것뿐이었다. 내가 계속 졸라야만 했던 애널리스트들은 짐과 제프에게만 신경을 썼다. 짐과 제프가 실질적으로 회사를 운영하는 사람이라는 것을 모든 사람들이 다 알았다. 돈을 지불하는 사람들과 직접 거래할 수 있는데 왜 나와 거래를 하겠는가? 신용등급 조정과 보도될 신문기사 등, 짐과 제프의 손에 닿지 않는 것은 아무것도 없었다.

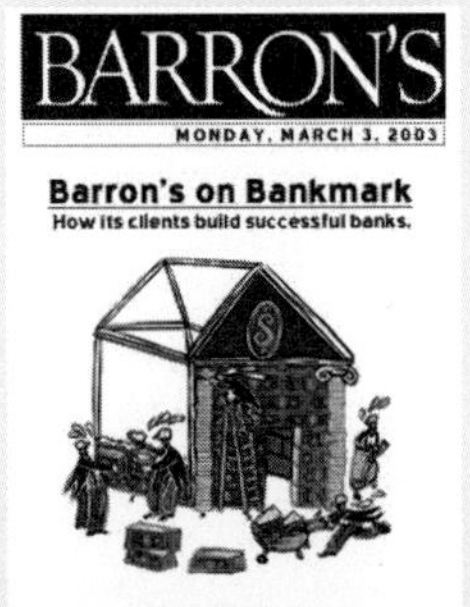

배런스 _ 월가를 움직이는 투자 전문지.

CNBC 말고도 시장의 움직임에 영향을 줄 수 있는 출판물들이 있다. 〈월스트리트저널〉이 그 중에서 가장 영향력이 컸다. 이 저널에는 'Heard on the Street'라는 칼럼이 있는데, 여기에서 언급되는 주식은 언제나 가격이 올랐다. 마찬가지로 당신이 토요일 아침 〈배런스(*Barrons's*)〉 표지에 언급되는 주식을 많이 보유하고 있다면 다음 주 월요일 큰 수익을 챙길 수 있다고 확신해도 좋다. 〈비즈니스 위크〉 또한 영향력이 매우 크다. 만일 당신이 보유하고 있는 종목이 금요일 〈비즈니스 위크〉 에 부정적으로 언급되면 팔 기회를 갖기도 전에 큰 손실을 입게 될 것이다.

우리는 종종 이러한 출판물에 언급되기 전에 정보를 입수하곤 했다. 우리의 소식통은 보통 기자들이 접촉하는 증권회사 애널리스트들이다. 기자들은 뛰어난 월스트리트 전문가들로부터 기삿거리를 얻는다. 그리고 기사 내용을 그 전문가들에게 미리 알려 준다.

예를 들어 〈배런스〉는 모건스탠리의 의견을 인용해 한 인터넷 종목의 가치가 과대평가되었다는 기사를 실을 수 있다. 〈월스트리트저널〉은 한 소규모 페이퍼 컴퍼니(서류상으로만 존재하는 회사)가 왜 매각되는지를 메릴린치의 의견을 인용해 기사로 실을 수 있다. 이 애널리스트들은 기자들에게 정보를 제공하고 다음날 신문에 어떤 기사가 실릴 것인지를 우리에게 알려 준다.

때때로 정보가 어떻게 새나가는지 우리가 모를 때도 있었다. 어느 목요일 한 주식중개인이 〈비즈니스 위크〉 기사에 관해 우리에게 경고를 했다. 다음날 금요일 아침 기사에 실린 종목은 기사에 따라 가격이 오르거나 내렸다. 누가 미리 정보를 입수했는지 알기 위해서는 그날의 차트를 분석해 보면 된다. 대부분의 경우 기사가 공식적으로 발표되기도 전에 주가가 폭등하는 것을 보면 알 수 있다.

월스트리트의 소식통이 된다는 것은 뉴스가 공식적으로 발표되기 전에 그 뉴스를 입수할 수 있다는 것을 의미한다. 돈이 많으면 큰 노력을 기울이지 않고도 그러한 사람이 될 수 있다.

일반 투자자들이 짐 크레이머와 같은 급의 정보를 입수할 수 있다고 생각한다면 그는 지금 당장 주식투자를 그만두어야 한다. 월스트리트에서는 시기적절한 정보 하나가 '우리의 날', '우리의 주', 심지어 '우리의 달'로 만들어 줄 수 있다.

탁상공론

수수료로 수백만 달러를 지불하면 온갖 종류의 특혜가 주어진다. 여기에는 기업공개에 참여하는 기회도 포함된다. 기업공개란 투자은행이 처음으로 일반에게 한 회사의 주식을 매각하는 것을 말한다. 미리 정보를 제공하는 특혜와 마찬가지로 기업공개는 월스트리트의 거물들에게만 기회가 주어진다. 그들은 증권회사의 절친한 친구들이다. 나는 크레이머 앤드 컴퍼니가 받았던 기업공개의 특혜에 관한 자료를 개인적으로 보관하고 있다. 그것은 우리 연간 소득의 5%를 차지했다. 우리의 수익에 큰 보탬이 된 것이다.

개인 회사가 상장을 하기로 결정하면 이 일을 맡아 줄 투자은행을 선정하게 된다. 모든 주요 증권회사들에는 투자금융 부서가 있다. 실질 자산, 지적재산권, 영업권 등을 평가하여 한 주당 가격이 결정되는데, 한 회사가 새롭게 선을 보이는 만큼 모든 사람들이 관심을 기울이게 된다.

최초 주식이 20달러에 상장되었다고 하자. 그 주식이 처음으로 거래될 즈음에는 매수자들이 한 주당 30달러 정도를 기꺼이 지불할 것이다. 따라서 크레이머 앤드 컴퍼니는 상장된 가격으로 받은 주식을 팔아 큰 수익을 올릴 수가 있었다.

상장 주식들을 장기 보유해서 큰 수익을 얻은 사람들도 있을 수 있다. 마이크로소프트, 맥도날드, 월마트와 같은 주식들은 장기간 보유한 투자자들을 부자로 만들어 주었다. 하지만 이것은 극히 예외적인 경우다. 짐은 대체로 새로 공개된 기업은 미래가 불확실하기 때문에 가능한 빨리 매도해야 한다고 내게 가르쳤다.

내가 크레이머 앤드 컴퍼니에 처음 왔을 때 신디케이트 매니저로 일하던 벳시라는 여직원이 있었다. 키가 크고 말랐으며, 사교성이 풍부하고, 따뜻한 마음씨를 가진 여성이었다. 짐은 그녀를 "영리하지는 않지만 멋진 각선미를 가진 여성" 이라고 표현했다.

언젠가 한번 벳시가 큰돈을 벌 수 있는 거래를 놓쳤을 때 그녀는 자신의 아름다움에도 불구하고 짐의 분노를 피할 수 없었다. 누군가가 우연히 짐에게 이렇게 말했다.

"스미스 바니가 오늘 제안한 거래 내용을 믿을 수 있을까요? 첫 거래로 300%를 올릴 수 있다니?"

모니터가 바닥에 내동댕이쳐졌고 벳시는 그날부로 딴 직장을 구해야 했다. 그로 인해 나는 그녀가 하던 일까지 맡아야 했다.

그날 퇴근 직전 짐이 나를 부르더니 자기 옆자리에 앉으라고 했다. 보통 그는 날 오라고 하지 않고 자기 자리에서 필요한 정보를 제공하곤 했다. 날 불러 앉으라고 한다는 것은 심각한 문제가 있다는 의미였다.

"새로 공개하는 기업의 주식을 제공하는 것은 증권회사들이 고객에게 되돌려주는 하나의 특혜야."

짐이 계속해서 설명했다.

"그들의 투자금융 부서는 거래를 주선해 주고 돈을 벌고, 우리는 주식 공개 때 가격에 프리미엄을 붙여 팔아 수익을 올리잖아. 이 거래에서 손해를 보는 자는 즉시 매도하지 않고 오랫동안 보유하는 멍청이들뿐이라구."

이를 위해 취해야 할 첫 번째 조치는 가시화되고 있는 새로운 기업공개에 계속 관심을 가지고 어느 기업이 유망한지 알아내는 일이었다. 모든 기업공개 주식에 투자하는 것은 적절치 못한 처사였다. 이를 잘 판단해야 진정으로 수익을 올릴 수 있었다.

나는 올바른 정보를 입수하기 위해 여러 곳에 부탁을 해놓았다. 최근의 인터넷 주식이 모든 투자자들의 관심을 받고 있다면 투자를 결정했다. 이 회사들이 정말 건전하고 유망한지에 대해서는 조금도 관심을 두지 않았다. 내가 유일하게 확인하는 것은 첫 번째 거래에서 프리미엄을 얼마나 챙길 수 있는가였다.

선호하는 종목을 결정하면 주식중개인에게 이야기를 하고 매수 주문을 냈다. 예를 들어 아마존과 넷스케이프가 기업공개를 하려고 했을 때 500만 주의 신규 공개 주식 중 50만 주를 요구했다. 이 수량은 내가 실제로 매수하기를 희망하는 주식 수보다 많은 것이었다.

이렇게 되면 공개 주식 수량 이상의 매수 주문이 들어오게 된다. 월스트리트 사람들 모두 그렇게 했다. 100곳의 거래처에서 공개 주식 수의 10%를 요청하면 공개 주식 수의 10배 주문이 들어오게 된다. 이것이 주가를 끌어올린다. 하지만 이로 인해 주문이 부풀려져 궁극적으로 모두 자신이 원하는 주식 수보다 훨씬 적은 주식을 손에 넣게 된다.

모든 투자자들의 관심을 끌고 많은 수량의 주식을 주문하는 것은 단지 시작에 불과했다. 나는 또 '로드 쇼'에 나갔다. 우리는 왈도프(Waldorf)나 팰리스(Palace), 리전시(Reagency)와 같은 지역 호텔에서 길고 지루한 식사를 하는 것을 그렇게 불렀다. 이것은 구매력이 낮은 소비자에게 자세한 정보를 지속적으로 제공하는 일종의 인포머셜(infomercial : infomation과 commercial의 합성어)이었다. 이 행사에서는 회사의 CEO와 CFO가 한 시간 동안 그들의 회사가 얼마나 훌륭한지에 대해 프리젠테이션을 했다. 이들은 가장 낙관적인 시나리오만을 이야기하기 때문에 대부분의 참석자들은 편견을 갖고 자리를 뜨게 된다.

솔직히 말해 '로드 쇼'에서 내가 프리젠테이션 안내서를 읽든, 그들의 이야기에 귀를 기울이든 아무런 문제가 되지 않았다. 내가 꼭 해야만 할 일은 명찰을 받는 것이었다. 항상 출석을 체크하기 때문이었다. 그 모임이 팰리스에서 열리는 경우 계속 머물러 식사를 해도 좋았다(맛있는 음식이 제공되는 유일한 호텔이었다). 때때로 명찰을 받은 후 옆문으로 빠져나가 다른 기업공개 프리젠테이션에 참석하기도 했다. 명찰을 수집하며 도심지를 뛰어다닌 것이다. 하루 네 곳을 다닌 게 내 최고 기록이었다.

그리고 증권회사 애널리스트에게 전화를 걸어 신규 공개 기업들에 대해 내가 얼마나 관심이 많은지 말해 주었다.

애널리스트들은 기업공개와 관련하여 여러 가지 요인들을 분석하는 증권 인수업자들과 연줄이 닿아 있었다. 이 작업은 누적 점수로 결정되었다. 예를 들어 이런 것이다.

- 다른 투자자들과 마찬가지로 공개 주식의 10%를 주문할 것인가? 체크
- '로드 쇼'에 참석했는가? 체크
- 애널리스트에게 전화를 걸어 그가 정말 주식을 좋아하는 것처럼 말해 주었는가? 체크
- 올해 증권회사에 수수료로 수백만 달러를 지불했는가? 체크

물론 마지막 요인이 가장 중요했다.

우리가 이 과정에서 꼭 해야만 할 일은 '신규 증권 발행 이후 시장에서의 주문(aftermarket order)'이었다. 증권 인수업자들은 거래를 시작한 후 크레이머 앤드 컴퍼니가 주식 매입을 약속해 주길 원했다. 여러분이 정

말로 관심이 많고 20달러로 책정된 공개 주식 5000주를 받게 되어 있다면 후에 50달러가 되든 500달러가 되든 5만 주를 더 살 것을 약속해야 한다. 우리가 50달러에 매매될 것이라고 생각하는 공개 주식 5000주를 주당 20달러에 매수하고, 내가 어떠한 가격이든 추가로 5만 주를 사기로 합의했다고 하자. 그것은 공개 기업이 합법적이며 가치가 있는 회사라는 것을 투자은행에 동의했다는 것을 의미한다.

거의 모든 투자은행들은 '신규 증권 발행 이후 시장에서의 주문'을 꼭 하도록 요구했다. 그리고 이행 사항들을 점수로 기록해 보관했다. 증권 인수업자들은 증권회사의 거래 매장에 가서 크레이머 앤드 컴퍼니가 '신규 증권 발행 이후 시장'에서 주문할 것을 약속한 경우, 실제로 그 약속을 이행했는지 확인하곤 했다.

이런 방식으로 뜨거운 시장을 계속 뜨겁게 달구어 놓았다. 우리가 '신규 증권 발행 이후 시장'에서 주문을 하지 않으면 새로운 기업공개 주식을 단 한 주도 구할 수 없었다.

나는 5000주를 사고, 추가로 사야 할 주식들을 모두 매수한 후 즉시 다 매도했다. 5000주를 할당해 준 증권회사에서 5만 주를 더 산 다음 투자금융 부서가 없는 다른 증권회사를 통해 5만 5000주를 바로 처분한 것이다. 그러므로 우리가 주식을 매수한 증권회사는 다음 기업공개 때 우리를 절대로 배제하지 않았다. 우리는 가능하면 외부 노출을 삼가면서 거래를 했다. 내가 '사랑'하는 주식은 짐의 요구대로 매수 즉시 매도

되곤 했다.

때때로 공개 기업들은 추적할 수 있는 주식을 발행하기도 했다. 그것은 여러분이 할당받은 주식을 즉시 처분했다는 것을 그들이 알 수 있다는 의미다.

하지만 내가 우려하고 있을 때 주식중개인들이 그럴 필요가 없다고 알려 주었다. 그렇게 하기 위해서는 엄청난 수고를 해야 한다는 것이었다. 투자은행도 같은 이유로 마지막 경고를 했다.

"이러한 탁상공론은 실행하기 어려우며 우리도 거래를 결코 추적하지 않을 것이다."

한 주식중개인이 나의 우려를 불식시켜 주었다.

증권거래위원회는 기업공개를 공식적으로 추진하기에 앞서 애널리스트들이 한 달을 기다리도록 조치를 취했다. 그들의 첫 번째 거래 때부터 날짜를 셈으로써 우리는 모든 증권회사들이 강한 매수 추천으로 거래를 시작할 수 있는 날짜를 쉽고도 정확하게 결정할 수 있었다.

한동안 크레이머 앤드 컴퍼니는 한번 팔아넘긴 신규 공개 기업들의 주식을 되사들이곤 했다. 이 일은 강한 매수 추천이 투자금융 부서가 있는 증권회사와 아무 관계가 없다는 게 월스트리트의 모든 사람들에게 분명해질 때까지 계속되었다. 그들은 후에 더 많은 기업들이 상장을 하도록 거품이 계속 팽창하기를 원했다.

내가 정직하지 않았는지 모르지만, 짐이 보았듯이 우리만 그런 것이 아니었다. *상황을 조작하기 위해 합법성을 내세우는 게 증권회사들이다. 궁극적으로 이러한 과정들을 잘 알지 못해 거품이 잔뜩 끼여 있는 가격에 주식을 사는 자들은 개인투자자들이다.* 짐이 처음 신디케이트 브리핑에서 주장한 바와 같이 그것은 내가 알 바 아니었다. 우리는 이미 돈을 챙기고 난 후였다.

'돼지'처럼 일하라

크레이머 앤드 컴퍼니에서 일 년이 지나는 동안, 학습용 테이프를 틀어 놓은 것처럼 같은 단어들이 되풀이해서 내 머리 속을 맴돌았다. *이것도 인생에서 하나의 기회다. 나는 월스트리트 이곳에서 그 기회를 잡을 것이다. 성공을 위해서라면 무엇이든 할 것이다.* 내가 이 세계에 더 오래 몰입하면 할수록 나에게 더 중요한 곳이 될 것이다.

뉴욕 생활도 점점 더 익숙해져 가고 있었다. 베스는 뉴잉글랜드에서 거의 주말마다 나를 찾아왔다. 우리는 지하철을 타고 브롱크스까지 가서 보스턴의 레드삭스 팀을 응원했다. 또 토요일 그리니치 빌리지에 있는 프렌치 카페에서 저녁식사를 하기도 하고, 걸어다니며 캐릭터들의 퍼레이드를 구경하기도 했다. 여름에는 센트럴 파크에서 롤러 블레이드를 즐기고, 봄에는 회전목마를 타고, 가을에는 월맨 링크에서 스케이트를 즐기곤 했다.

나는 몇 개월 동안 오븐을 켜지도 않았다. 내 책상 서랍은 인도, 태국, 중국, 이탈리아, 멕시코, 일본, 폴란드, 터키, 베트남, 쿠바, 심지어 미국의 전통 식당 메뉴들로 가득 찼다. 나는 남쪽으로 두 블록 떨어진 그리스티드 슈퍼마켓까지 걸어가기도 하고, 지하철을 타러 북쪽으로 세 블록 떨어진 곳이나 화장지를 사러 옆 건물로 걸어다니기도 했다. 주말에 도심지를 벗어날 때는 케임브리지에 있는 부모님의 고향까지 델타 셔틀항공을 이용했다.

회삿일도 아주 잘 풀리고 있었다. 물론 회삿일이 내 삶의 대부분을 차지했다. 나는 증시가 열리는 날은 매일 12시간 동안 비버 가 56번지에 있었다. 거래를 하고 조사를 하며 보냈는데, 새로운 어떤 것인가를 배우지 않고 지나는 날이 거의 없었다.

이따금 짐은 직원들의 협동 정신을 일깨워 주곤 했다. 그는 사무실을 둘러보며 "우리가 한마음이 되어 일해야 한다"고 말하곤 했다.

짐은 우리를 '돼지(hog)'라고 불렀다. 그는 그것이 좋은 뜻이라고 했다. 돼지가 된다는 것은 우리가 욕심 많은 돼지처럼 매일 책상 앞에 앉아 일에만 전념한다는 것을 의미했다. 내가 하루라도 휴가를 낼 수 있었다는 사실을 자랑스럽게 생각할 정도였다.

짐은 내가 길 건너 공사 현장의 공사를 중단하게 할 수 있다는 데 20달러를 걸었다. 그는 분명 내가 많은 것을 할 수 있다고 생각했다.

클라크와 마크와 나는 일주일에 2~3일은 주식중개인의 초대를 받아 함께 저녁식사를 하곤 했다. 스파크스(뉴욕 10대 스테이크 하우스 중 하나로 영화 〈대부〉에도 등장하는 식당)나 스미스 & 월렌스카이(전국적 규모를 갖춘 스테이크하우스 체인 식당) 등에서 식사를 했으며, 브루클린에 있는 피터 루거(1889년에 문을 연 스테이크 하우스로, 브루클린에 위치한 본점은 '스테이크하우스의 전설'로 불린다)까지 간 적도 있었다.

스테이크를 먹지 않을 때는 르 서크(블룸버그 빌딩에 위치한 식당으로 뉴욕 사교계의 산실), 다니엘(프렌치 레스토랑으로, 성공한 뉴욕인들이 가장 좋아하는 레스토랑 중 4위), 르 버나딘(뉴요커들이 뽑은 최고의 식당 중 6위를 차지한 시푸드 레스토랑)에도 갔다. 모두 스미스 바니, 골드만삭스, 아니면 베어스턴스 직원들과 함께였다. 7단계의 코스 식사를 끝낸 후 우리는 테이블에 놓인 시거 상자를 열고 몬테크리스토를 피우곤 했다. 우리 셋은 코트 사이드에 앉아 뉴욕 닉스의 농구 경기를 보기도 했다. 짐 크레이머의 풍부한 자금력에 의한 거래 덕분에 우리는 여러 가지로 접대를 받았다.

어느 날 오후에는 샘이 골프 클럽 세트를 주었다. 자신의 아파트로 초대한 후 벽장을 열더니 캘러웨이 골프채 한 세트를 꺼내 주는 것이었다. 내가 놀라서 아주 비싼 골프채라고 말하자, 그는 "걱정하지 말라"며 내 등을 쓰다듬어 주었다. 일주일 후, 이 사실을 마크에게 털어놓았을 때 비로소 샘이 왜 내게 골프채를 주었는지 알게 되었다. 1년 전 마크가 샘에게 그 골프채를 주었는데, 그 후 샘이 새 골프채를 샀다는 것이다. 그런데 그의 집이 너무 좁아 골프채 두 세트를 놔둘 수 없어 내게 준 것이었다.

마티 아저씨는 그 무렵 거의 매주 뉴욕에 와서 크레이머 앤드 컴퍼니를 방문했다. 아저씨는 볼 때마다 나를 껴안아 주었다. 언젠가 아저씨가 가실 때 배웅하기 위해 함께 따라 나간 적이 있었는데 "일을 아주 잘한다고 짐이 말하던데" 하면서 내 볼을 꼬집으며 미소를 지었다. 나는 마티 아저씨에게 짐에 대해 많은 것을 말해 주었다.

새해가 되어 보너스를 줄 때가 왔다. 우리는 12월 31일부로 우리의 실적이 어느 정도인지 이미 알고 있었다. 하지만 짐은 경리가 회계 장부를 완전히 마무리할 때까지 기다렸다. 그는 보너스를 지급하기 전에 정확히 얼마를 벌었는지 알고 싶어했다. 그래서 1월에는 매일 수천 장의 회계 서류들을 정리하느라 모두 바빴다. 우리는 보너스를 언제나 타게 될까 생각하며 초조하게 기다렸다.

1월 중순, 짐이 제프의 사무실에서 제프와 단 둘이 회의를 했다. 우리는 거래용 책상에 앉아 기다렸다. 모두 바쁜 척하면서 보너스 액수가 결정되기 직전까지 윗사람에게 점수를 따려고 노력하는 모습이 역력했다. 마크는 인스티넷에서 주가를 점검했고, 샘은 포지션 서류들을 들춰보고 있었다. 클라크와 나는 전날 이루어진 거래 내역을 살펴보며 거래 단가들을 확인했다. 무엇을 하든 우리 마음속에는 보너스 액수뿐이었다.

1994년은 증시가 그리 호황은 아니었다. 다우존스는 단지 2%만 상승했고 S&P는 2% 하락했다. 크레이머 앤드 컴퍼니는 11월 들어 6%의 수익률을 기록했고, 12월에는 실적이 호전되어 다우존스 수익률과 동률이 되었다.

나는 자리에 앉아 바쁜 척하면서 내 보너스가 5000달러가 넘기를 바랐다. *처음 이 회사에 들어올 때 짐에게 다짐한 것과 같이 내가 입사한 이유는 돈 때문만은 아니었다. 내가 배우고 하는 일에 더 관심이 있었다. 수백만 달러를 아무것도 아닌 것처럼 다루는 일이 멋있게 보였다.* 나는 주어진 일을 사랑했다. 무엇보다도 짐 크레이머와 함께 일할 수 있다는 것이 나를 흥분하게 만들었다.

처음에는 마티 아저씨 때문에 짐을 믿었다. 뉴욕에서 어느 새 1년을 생활하고 난 후 얼마나 많은 사람들이 짐을 믿고 있는지 알고 놀랐다. 업계의 모든 사람들이 그를 알고 있었다. 이 업계에 종사하지 않는 사람들도 그를 알았다. 그는 늘 TV에 나왔고 거의 매주 기사를 직접 쓰거나 기삿거리가 되었다.

1995년 1월, 이곳에서 일하게 된 지 어느 새 1년이 되었다. 이곳에서의 일이 지금은 별반 내게 도움이 안 되는 것 같아도 앞으로 큰 도움이 되리라는 것은 분명했다.

실제로 나는 기대감으로 몹시 흥분해 있었다. 거래용 책상에 앉아 제프가 그의 사무실에서 나오기만을 기다리고 있었다. 그의 표정만 보아도 보너스가 많을지 적을지 알 수 있을 것이다. 나는 내가 거둔 실적이 자랑스러웠다. 내가 올려야 할 실적 이상을 달성한 것이다.

"점수를 내는 방법은 단 한 가지뿐이다. 볼을 잡고 달려라."

짐은 항상 이렇게 말했다.

나는 정확히 그가 하라는 대로 했다고 생각했다.

제프가 날 불렀다. 제프의 사무실 소파에 앉자마자 짐이 "올해 일을 잘했어" 또는 "열심히 일했어" 등과 같은 상투적인 문장을 사용하며 말문을 열었다. 그는 미소를 지으며 내 기본급을 3만 달러로 올려 주고 1만 5000달러를 보너스로 주겠다고 말했다. 나는 TV에서 본 것을 빼고는 1만 5000달러를 본 적이 없었다. 그리고 봉급 인상은 생각조차 안 했다. 나는 미소를 지으며 내 자리로 돌아와 클라크에게 그의 차례라고 알려 주었다.

이 시점에서 유일한 문제라면 내가 아무리 노력해도 입사하던 날 우리가 전쟁터에 있다고 짐이 해준 말을 완전히 잊어버릴 수 없다는 것이다. 내가 일에 깊이 관여하면 할수록 매일 그 말이 떠올랐다. 나는 매일 자명종이 울리기 전에 일어났다. 깨어나면 이마는 식은땀으로 축축히 젖어 있었다. 잠이 안 오는 밤도 많았다. 그래서 그런지 가끔씩 현기증을 느낄 때가 많았다.

어느 날 아침 6시 30분, 회사로 가는 길에 4호선 급행열차에서 의식을 잃었다. 완전히 꿈만 같았다. 기력이 뚝 떨어지고 시야가 흐려졌다. 의식을 차려 보니 바닥에 누워 있었다. 낯선 사람들이 날 내려다보고 있었다. 난 내가 어디에 있는지도 알지 못했다. 사람들이 내가 열차에서 내릴 수 있도록 부축해 주었다.

나는 14번가에서 손으로 머리를 움켜잡고 플랫폼에 앉아 멍하니 생각에 잠겼다. 억눌려 있던 감정이 갑자기 북받쳐 올랐다. 갑자기 두려운 생각이 들어 서둘러 일어나 월스트리트 역과 크레이머 앤드 컴퍼니 사무실 쪽으로 향했다. 돌아서서 집으로 가 누워 있고 싶은 생각이 간절했다.

하지만 나는 생각을 고쳐먹었다.

인생에서 한 번뿐인 기회다. 여기 월스트리트에서 무언가를 이루어내야 한다. 어떤 수단과 방법을 써서라도 성공을 해야만 한다.

나는 일어섰다. 그리곤 먼지를 털고 도심지로 향하는 열차를 탔다.

"내가 없으면
내 팬들도 없다"

짐이 증권시장에서 활동하는 것보다 더 좋아하는 것이 하나 있는데, 바로 시장에 대해 이야기하는 것이다. TV를 통해서든 잡지 기사를 통해서든 그는 거래하는 것만큼이나 자신이나 회사를 알리는 데 열정적이었다.

스마트 머니 _ 〈월스트리트저널〉의 자회사로 개인사업가나 대기업 관리자들을 대상으로 한 잡지.

1994년 초부터 짐은 〈스마트 머니(*Smart Money*)〉를 위해 '인습에 사로잡히지 않는 지혜(Unconventional Wisdom)'라는 칼럼을 써왔다. 짐이 정기적으로 증시에 대해 권위 있게 이야기할 수 있는 잡지 중 하나였다. 그는 증시와 관련된 다양한 주제들을 다루었고 때때로 주가에 영향을 미치기도 했다.

〈스마트 머니〉 1995년 2월호에는 '불쌍한 고아주(Pity the Poor Orphans)' 라는 칼럼이 실렸다. 이 칼럼은 다음과 같이 시작했다.

"오르는 주식과 내리는 주식 간의 유일한 차이는 지원이 있느냐 없느냐이다. 대형주를 포함하여 대부분의 주식은 지원을 해주어야 슬럼프에서 벗어날 수 있다."

그 기사의 제목은 '우리가 사랑하는 네 개의 작은 '고아주' 와 우리가 그들을 사랑해야 하는 이유' 였다. 그들은 바로 캐노니 인바이론먼트(Canonie Environment), 호간 시스템스(Hogan Systems), 렉손(Rexon), UFP 테크놀러지스였다.

짐은 특정 종목들에 대해 자신의 주장을 피력했는데, 예를 들어 "시황이 바뀌면 캐노니의 주가가 세 배 오를 것이다", 또는 "UFP 테크놀러지스의 주가가 급등할 것이다" 라고 예측하면서 여러 가지 가능성을 제시했다.

짐이 언급하지 않은 유일한 것은 그가 이러한 '고아주' 들을 좋아할 뿐만 아니라 이미 샀다는 것이다. 하지만 크레이머 앤드 컴퍼니는 이들 기업의 주식을 다량 보유하고 있었다. 짐이 증시와 개별 주식들에 대해 엄청난 영향력을 행사하게 된 것이다.

"IBM 5만 주 매수해! 불균형을 야기하라고."

고아주 _ 평균 주가 변동보다 적은 가격변동성, 비교적 높은 배당, 그리고 배당 감소나 심각한 재무적 문제에 직면할 가능성이 적은 주식.

짐은 증시가 개장하자마자 외쳐 대기 시작했다. 짐은 그 자신을 '뒤흔드는 거물' 이라고 묘사했다(그는 그의 친구 마이클 르위스가 쓴 『라이어스 포커(*Liar's Poker*)』에서 이 용어가 유명해진 후 자신을 그렇게 부르는 것을 좋아했다). 그가 거래를 하면 주가가 출렁거리기 때문이었다. 엄청난 수량의 주식을 주문하면 상대 매수자 또는 매도자가 없어 때때로 뉴욕 증권거래소에서 이 주식의 거래가 중지되었다. 하루에 수백만 번 거래되는 IBM 5만 주를 사보아야 불균형을 야기하지는 않을 것이다. 하지만 어떤 이유에서인지 짐은 빈번하게 그런 주문을 냈다.

"아메리칸 온라인 5만 주 주문하라구. 불균형을 야기하라고."

어느 경우이건 짐의 '고아주' 기사는 큰 영향을 끼쳤다. 이 네 종목은 한 주당 2~5달러에 거래되는 매우 싼 주식이었고 매우 비유동적이었다. '비유동적' 이라는 것은 하루에 많은 양의 주식이 거래되지 않는다는 것을 의미했다. 주식이 비유동적이면 가격 변화가 컸다. 한두 명의 매수자들이 큰 영향력을 끼칠 수 있기 때문이었다. 기사가 나가면 네 '고아주' 모두 가격이 뛰었다. 어떤 종목은 100%까지 오르기도 했다.

"세상 사람들이 내가 정말 천재라는 사실을 알 때가 되었어."

짐은 사람들이 자신의 말에 귀를 기울이게 됨에 따라 기분이 좋아져 자랑스럽게 떠들었다. 그가 기사를 통해 네 종목의 주식에 대해 긍정적인 발언을 하자, 투자자들이 그 주식을 매수하기 시작해 주가가 크게 올랐던 것이다.

짐은 기사가 발표되자마자 자신이 보유한 주식의 가격이 올라 큰 수익을 얻게 되자 한층 신이 났다. 이 네 종목이 회사 보유 주식의 많은 부분을 차지하고 있기 때문이었다. 실제로 그가 기사를 써서 신문에 실리기 전에 우리는 그 주식을 더 많이 사들였다.

다음날 우리의 포트폴리오 가치가 큰 폭으로 상승했다. 짐과 제프는 거래용 책상에 앉아 짐이 그 기사를 좀 더 일찍 썼어야 했다면서 키득거렸다. 포트폴리오 상에 지원해야 할 또 다른 종목들이 있었다. 짐이 그 역할을 또 하기로 두 사람은 약속했다.

실제로 그때까지는 그 네 종목 어느 것도 효자 역할을 하지 못했다. 짐의 전형적인 접근 방법은 계속해서 증시를 들락거리며 거래하는 것이었다. 처음에 이 종목들을 사기 시작했을 때는 캐노피, 호간, 렉손, UFP 테크놀러지스 등을 10%까지 보유할 의도가 전혀 없었다. 그것들의 수익률이 좋지 않았기 때문에 계속 보유량을 줄였지만 그 종목들의 비유동성 때문에 팔고 싶어도 팔 수가 없었다. 이 주식들이 처음부터 수익률이 높았다면 크레이머 앤드 컴퍼니가 보유하는 주종목이 되지 않았을 것이다. 짐은 정말 우연히 이 '고아주'들을 사랑하게 된 것이다.

짐은 일찍이 기사를 쓰기 전에는 이들 주식이 영구적으로 가치가 없는 종목들이라고 혹평했다.

마크는 "우리는 '주식 보유자(stock holder)'가 아니라 '곤경에 빠진 보유자(stuck holder)'"라고 표현했다.

기사 효과로 인한 짐의 행복은 그리 오래가지 못했다. 언론에 대한 그의 의존도는 지나치리만큼 광적이었다. 〈워싱턴 포스트〉가 이러한 사실을 기사화한 후, 사무실에 들렀다가 짐과 제프가 단 둘이 사무실 문을 닫고 회의하는 것을 목격했다. 불길한 예감이 들었다. 결국 짐은 정신과 의사와 상담하게까지 되었다.

〈워싱턴 포스트〉는 짐 크레이머가 개인적 부를 축적하기 위해 저널리스트로서 영향력을 행사하면서 자신이 보유하고 있는 주식을 과장해서 평가했다고 주장했다. 기사가 실리자마자 모든 투자자들이 그 주식들을 팔려고 내놓았다.

첫 번째가 CNBC의 댄 도프먼이었다. 짐과 댄은 서로 앙숙이었다. 짐은 TV에 출연하여 댄의 행동을 비난했다. '고아주'에 관한 기사가 나가자, 댄은 TV에 출연해 짐 크레이머를 감옥에 보내야 한다고 주장했다. 여러 신문에 그와 같은 기사가 실렸고, 그 중에는 〈월스트리트저널〉도 있었다. 〈스마트 머니〉는 짐을 옹호하면서 그가 특정 주식을 보유하고 있다는 기사를 싣지 않았다. 그 이유는 모든 언론이 짐에 관해 부정적인 기사를 실었고, 짐 자신이 결백하다고 공공연하게 주장하고 다녔기 때문이었다. 어쨌든 그는 펀드매니저가 공개 기업의 주식을 추천해도 되는 것인지에 관한 논쟁의 중심에 서게 되었다.

글을 쓰는 것이 주된 업무인 저널리스트들은 보통 그들이 언급하는 주식을 보유하고 있지 않다. 그들은 확실히 내부적으로 어떤 기사가 나갈 것인지 알고 있다. 윤리 기준에 따르면 그들은 그러한 정보를 남용해서는 안 된다. 〈비즈니스 위크〉의 기자들이 어떤 기업에 관한 중요한 뉴스를 폭로하거나 자신의 주장을 내세우는 기사를 실으면 미리 자신이 유리하게 투자 포지션을 취해 놓은 것처럼 보여 모양새가 좋지 않았다. 저널리스트들이 짐을 맹렬하게 공격한 것도 바로 이 때문이었다. 그들의 관점에서 볼 때 이것은 좋지 못한 관행이었다.

하지만 짐은 훌륭한 펀드매니저였다. 펀드매니저의 주된 업무는 주식을 고르는 것이다. 대부분의 투자자들이 펀드매니저들이 어떻게 글을 쓰는지 알고 싶어하는 것은 이 때문이다. 그들이 언급한 종목의 주가가 오르면 그들의 주장에 힘이 실린다. 그렇지 않으면 그들이 말하는 것에 별 관심을 두지 않는다. 기자는 기자다. 짐 크레이머는 크게 성공한 펀드매니저다. 투자에 관해 말할 때 여러분이라면 누구에게 관심을 기울이겠는가?

그들의 말에 귀를 기울이기 원하든 원치 않든 이 관행이 남용되고 있는 게 현실이다. 어느 날 오후 CNBC에서 유명한 포트폴리오 매니저와의 인터뷰가 있었다. 짐과 우리는 거래용 책상에서 그가 열렬하게 어떤 주식을 추천하고 있는 인터뷰 장면을 보았다. 자신의 블룸버그에서 몇 번 키보드를 두드린 후 짐은 4/4분기 말 현재 그 펀드매니저가 운영하는 10억 달러 펀드에 그 주식이 가장 많이 편입되어 있음을 확인했다.

"이 자식들, 그럴 줄 알았어!"

짐이 한숨을 쉬며 말했다.

"월스트리트에서 누군가 무슨 말을 하거나 어떤 조치를 취할 때 그 이유를 알고 싶으면 자세히 분석해 보면 된다구!"

어쨌든 일반투자자들은 이러한 의견을 듣기 원한다. 그래서 대부분의 경우 조작될 때가 많다. 주식에 대해 글을 쓰는 펀드매니저들 대부분이 TV에 출연하여 실제로 그들이 이미 매수한 주식을 사라고 떠들어댄다.

그들이 포지션을 취하기 시작할 때에는 어느 누구도 그 주식을 사라고 하지 않는다. 매도자보다 매수자가 더 많으면 주가가 부풀려지게 되어 궁극적으로 주식을 사기 위해 더 많은 돈을 지출해야 한다.

한편 그들이 포지션을 취한 후 매수자를 끌어들이면 '고아주'에 관한 기사가 짐에게 높은 수익을 가져다 주었듯이 포트폴리오 매니저들을 황홀하게 만들 수 있다.

포트폴리오 매니저들은 그들이 매도하기 시작하는 때를 결코 말해 주지 않는다. 그들은 공공연하게 자신과 동일한 포지션을 취하라고 권장만 할 것이다. 펀더멘털이 악화될 것으로 예상되면 그들은 절대로 TV에 출연하여 부정적인 정보를 흘리지 않을 것이다. 다른 투자자들이 들어오려고 할 때 나가는 것이 훨씬 쉽다. 그들은 일단 포지션을 정리하고 나면 다시는 그 주식에 대해 언급하지 않을 것이다. 짐도 '고아주'들 중 어느 것도 결코 다시 언급하지 않았다.

이것이 바로 펀드매니저들이 이미 보유하고 있는 주식에 대해 이야기하기를 좋아하고 매도한 주식에 대해 이야기하지 않는 이유다. 정리한 포지션에 대해 이야기해서 얻을 수 있는 것은 아무것도 없다. 그들이 주식을 소유한 후 여러분을 끌어들이는 데 성공한다면, 여러분은 가능하면 빠져나갈 때의 주가와 가장 근접한 가격에 매수를 해야 한다. 다음 분기에 그들이 TV에 출연할 때 기자가 "손해 보는 주식을 샀겠군요" 라고 물으면, "이미 팔았는데요" 라는 대답을 들을 것이다.

하루 동안 특정 주식에 무슨 일이 일어났는지 알기 위해 전화를 한 CNBC 기자들에게 우리가 무엇이라고 말했는지 생각하라. 우리의 대답은 언제나 우리 자신의 포지션과 직접적으로 관계가 있었다.

우리가 그 주식을 보유하고 있으면 매수세가 유입되고 있으며 계속해서 가격이 오를 것이라고 말했을 것이다. 그리고 그들이 우리 말을 기사화하면 그 주식을 팔았다. 우리가 공매를 한 주식이면 시황이 부정적이며 곧 주가가 하락할 것이라고 말했을 것이다. 그 말이 기사화되면 우리는 낮은 가격에 그 주식을 매수할 수 있었다. 우리가 포지션을 갖지 않았을 때에만 편견 없이 진솔하게 대답을 해주었다.

'고아주' 들의 사례로 짐은 격렬한 회오리바람의 중심에 서게 되었다. 그는 불쌍해 보였다. 짐은 우리를 거래용 책상 주위에 집합시키고 전 세계가 자신을 필요로 한다고 말했다. 가끔은 그의 말이 옳을 수도 있었다. 하지만 그때 미국증권거래위원회가 우리 회사에 대한 조사에 착수했다.

우리 모두 그 주에는 매일 밤 12시까지 사무실에 남아 앞서 말한 종목의 주식을 정확히 언제 거래했는지 문서화하기 위해 서류들을 정리해야 했다. 문제가 해결되기까지는 시간이 필요했다. 하지만 미국증권거래위원회는 짐이 잘못했다는 증거를 찾아내지 못했다. 그들의 조사는 짐이 '고아주'들을 비싼 값에 팔아넘겼는가에 초점을 맞추었다.

하지만 그는 다행히 그렇게 한 적이 없었다. 우리가 무죄임이 공식적으로 입증된 후 짐은 증권거래위원회의 서류를 공중에 흔들어 대면서 말했다.

"비즈니스 저널리스트들이 왜 나쁜 놈들인지 똑똑히 밝힐 거야. 그들은 자신들이 잘 안다고 생각하는 산업에 대해서 다루지. 그리고 용기 있는 자들을 믿을 수 없을 정도로 부자로 만들어 주는 비즈니스를 다루고. 1년에 3만 달러 정도를 버는 이 친구들은 자신들이 쓰는 기사와 관련된 것들에 대해서는 어느 누구보다도 잘 알고 있다고 생각해. 그것이 그들을 바보로 만든다구. 그들이 자신이 만들어 놓은 함정에 빠지더라도 우리는 절대 그들을 구해서는 안 돼."

짐은 이 점을 잘 이해했는지 확인하려는 듯 우리들을 둘러보았다.

"이것을 절대 잊어서는 안 돼! 누구도 이 녀석들을 도와서는 안 돼! 그럴 시간이 있으면 날 도우라고!"

그는 거래용 책상을 두 손으로 내리쳤다.

"이 기자들이 자신들과 상관없는 일에 참견을 하지 않았더라면 우리 포지션을 아주 높은 가격에 정리할 수 있었을 거야."

짐의 이야기는 이들이 그 문제를 다루지 않았더라면 증권거래위원회가 끼어들지 않았을 거라는 것이었다. 그는 증권거래위원회가 얼마나 어리석으며, 그들이 무언가를 해결하기 위해 언제나 밀고자에게 의존한다는 말을 했다. 그로 인해 우리 회사에 사람들의 관심이 쏠리면서 우리가 '고아주' 를 높은 가격에 매도하는 게 불가능해졌다.

하지만 우리가 '곤경에 빠진 보유자' 라는 이유로 이 상황을 호전시킬 수 없는 것은 아니었다. 짐이 어떤 '고아주' 도 팔지 않았기 때문에 그가 공식적으로 잘못한 것이 없는 것으로 판명난 후, 크레이머 앤드 컴퍼니는 여전히 그의 기사로 수익을 올릴 수 있었다.

결국 이익이 실현되었든 안 되었든 매니저들의 실적에 보답하기 위해 헤지펀드가 조성되었다. 이것은 짐 개인이 수익을 챙길 수 있는 주식 거래를 결코 해서는 안 된다는 것을 의미했다. 그해 말 '고아주' 들의 주가가 올라 우리는 20%의 수익을 올렸다. 특정 주식만을 처분해서 올린 수익이 아니라 다른 주식들도 포함된 수익이었다.

해마다 마지막 거래일에 우리가 했던 일을 생각해 보자. 짐은 '고아주' 들을 포함하여 우리가 대량으로 보유하고 있는 비유동적 주식의 리스트를 마크에게 건넸다. 주가가 하락했을 때 사들여 대량으로 보유하고 있는 비인기주들이었다. 증시가 폐장하기 직전, 마크는 그것들의 가격이 올랐는지 확인하는 작업을 거쳐 폐장 벨이 울릴 때까지 계속해서 매도 주문을 냈다.

당시 크레이머 앤드 컴퍼니는 1년에 두 번 포트폴리오 수익률을 점검하고 있었다. 유럽의 대기업인 글로벌 애셋 매니지먼트(Global Asset Management)는 자금을 운용해 달라고 짐에게 5000만 달러를 맡겼다. 짐은 그 돈을 회계연도가 6월 30일에 끝나는 별도의 거래처에 투자했다. 우리는 1월과 7월 실적에 따라 보너스를 받기로 돼 있었다. 글로벌 애셋 매니지먼트가 돈을 돌려받길 원했던 때는 짐이 증권거래위원회의 조사로 어려움을 겪기 직전이었다. 이 경고 기간에 짐은 매일 퇴근 전에 모든 거래를 검토하고 비인기주들을 대량으로 매입했다.

'고아주'들에 대한 관심과 논쟁에도 불구하고 짐은 그 기간에 단 한 순간도 거래하지 않은 적이 없었다. 그리고 곧 글을 다시 쓰기 시작했다. 비즈니스 저널리스트들을 싫어하는 것과 상관없이 그는 대중들에게 이야기하는 것을 단념하지 않았다.

*"내가 없으면 내 팬들도 없다"*고 그는 여러 차례 말했다.

몇 개월 후, 댄 도프먼이 증권거래위원회의 조사를 받게 되었다. 그는 자신에게 아이디어를 준 주식중개인과 공모를 한 게 분명했다. 두 사람은 과대 선전된 주식을 사고팔아 큰 이익을 챙겼을 것이다. 어쨌든 댄은 이 기간에 뇌졸중으로 쓰러졌다. 죽지는 않았지만 그는 방송을 중단할 수밖에 없었다.

짐이 댄의 불행에 관해 들은 것은 어느 화창한 여름날이었다. 우리는 창문의 블라인드를 내리고 에어컨을 강하게 틀어놓은 다음, 모두 거래용 책상에 앉아 있었다. CNBC가 그 뉴스를 보도했을 때 짐은 의자에서 벌떡 일어나 TV 스크린에 얼굴을 바짝 갖다 대고 화면을 보더니 말했다.

"저 친구 좀 봐! 결국 증권거래위원회의 조사에서 벗어나게 됐군."

갱들의 파라다이스

우리의 1995년은 바그너의 **'발퀴레의 기행'**과 함께 시작되었다. 개장 벨이 울리기 바로 직전, 짐은 자신의 책상 옆에 있는 CD 플레이어를 틀고 볼륨을 높였다. 그는 마치 명령을 내리는 장군처럼 한 발을 의자 위에 올려놓고, 한 손은 앞으로 뻗은 채 서 있었다. 짐은 음악을 들으며 '매수', '매도'라고 외쳐 댔다.

"나는 아침에 나는 돈 냄새를 사랑해!"

언젠가 한 증권회사가 대규모 거래를 주선하기 위해 찾아왔다. 그들은 한 종목의 주식을 100만 주 매도할 계획이었다. 그들은 단계적으로 장기간에 걸쳐 팔기보다는 여러 매수자를 한꺼번에 모집하여 손해를 보더라도 지난번보다 약간 할인하여 한 건으로 판매하기를 원했다. 위험한 제안이었다. 그들이 왜 그렇게 서둘러서 처분하려고 하는 걸까?

어쨌든 짐은 이 주식을 5만 주 샀다. 그리고 매수 즉시 매도 주문을 냈다. 그때 두 번째 증권회사에서 전화를 걸어 동일한 주식을 0.5포인트 더 낮게 판매하겠다고 알려 왔다. 우리가 내놓은 주식은 즉시 2만 5000달러 하락했다. 동일한 소스에서 매도할 물건이 또 있는지 알 수가 없었다. 대규모 매도자가 여러 주식중개인들에게 매도 물량을 내놓은 게 분명했다. 이 추측이 그 주식을 산 모든 사람들을 경직되게 만들었다.

짐은 첫 번째 증권회사 거래인에게 전화를 걸어 따졌다.

"아니 당신! 날 가지고 놀다니! 그럴 수 있소!"

그는 "실수로 그 주식이 내 계좌에 들어와 있으므로 접수를 거부하겠다"고 덧붙였다. 그 거래인은 용서를 빌면서 매도자가 또 다른 100만 주를 매각하려 한 사실을 알지 못했다고 주장했다. 짐의 얼굴이 새빨개지고 이마에는 핏줄이 섰다.

"이 매매를 취소하지 않으면 당신 회사와의 거래를 당장 끊겠소."

'발퀴레의 기행 Ride of the Valkyries _ 바그너의 악극 4부작 〈니벨룽겐의 반지〉 중 2부로 1부 '라인의 황금' 다음 이야기이고 3부인 '지그프리트'의 전편이다. 발퀴레는 날개 달린 말을 타고 전쟁터를 돌아다니다가 발할 성을 외적의 침입으로부터 지키다가 죽은 용사들의 영혼을 성으로 운반하는 임무를 띤 전쟁 처녀로, 주신 보탄과 지혜의 여신 에르다 사이에서 태어난 아홉 명의 딸을 말한다. '발퀴레의 기행'은 3막의 전주곡으로 전쟁에서 죽거나 다친 병사들을 운반하는 발퀴레들이 용맹스럽게 하늘을 달리는 모습을 묘사했으며, 주제의 동기는 주로 금관 악기로 힘차게 나타난다. 영화 〈전쟁의 묵시록〉에서 헬기들이 어느 마을을 무자비하게 폭격하는 장면에서 조종사가 이 음악을 틀어놓는다.

그 거래인이 뭐라고 대답했는지 알 수는 없지만, 분명 짐이 원하는 대로는 되지 않았다. 그는 책상에 수화기를 던지듯이 내려놓고 전화선을 뽑아 전화기를 사무실 한쪽으로 내동댕이쳤다. 전화기는 벽에 세게 부딪히고 바닥에 떨어졌다.

전화선을 뽑는다는 것은 주식중개인과의 관계를 끊는다는 것을 의미했다. 물론 짐이 실제로 한 것은 전화선을 구내 전화로부터 잡아챈 것뿐이었다. 주식중개인과의 전화선은 여전히 연결되어 있었다. 하지만 그 때 당장은 어느 누구하고도 통화를 할 수 없었다. 이것이 그를 더욱 화나게 만들었다.

"누구든지 새 전화를 나에게 연결해 주는 게 좋을 거야. 지금 당장 말이야!"

다음날, 짐은 마크에게 인텔 1만 주를 사라고 지시했다. 단순하고 평범한 거래였다. 짐은 하루에도 수백 번 그런 지시를 마크에게 내렸고, 마크는 그 지시를 따랐다. 마크는 그의 레벨 투 나스닥 스크린과 인스티넷을 점검하고는 살로먼 브라더스 투자전문가에게 전화하기로 결정했다. 짐이 지시를 했을 때에는 선물이 오르고 매수자들이 증시로 모여들고 있었다.

살로먼 브라더스 거래인은 우리에게 인텔 주식 1만 주를 팔았다. 우리가 계약이 체결되었다는 보고를 접하자마자 주가가 급락하기 시작했다. 마크가 0.75에 인텔 1만 주를 샀다고 짐에게 말을 다 끝내기도 전에 0.625에 매도 주문이 나왔다. 그러더니 곧 0.5로 떨어졌다. 대규모 매도자가 있음이 분명했다.

"그놈이 우릴 죽이려고 하는군! 그 자식이 우릴 놀리고 있어!"

짐이 마크 쪽을 보며 고함을 쳤다.

"아직은 모릅니다."

마크가 대답했다.

"자넨 도대체 누구 편이야?"

짐이 단말기로 몸을 기울이며 마크를 향해 주먹을 부르르 떨었다.

"레만, 골드만, 스미스 바니 그들 모두 매도 주문을 냈습니다."

마크가 계속해서 말했다.

"내가 모든 걸 다 해야 돼? 우리 회사를 위해 일할 사람이 나밖에 없냐 말이야?"

짐이 외쳤다. 대답하는 사람이 아무도 없었다. 마크는 말을 하지 않는 것이 상책이라고 생각하는 것 같았다.

"사장님."

마크가 짐을 진정시키려고 했다.

"이 회사를 위해 일할 사람이 나 한 명뿐이냐구?"

짐이 큰 소리로 외쳤다. 그러고는 공중에 팔을 휘두르며 사무실을 뛰어다니기 시작했다.

"이 회사를 위해 일할 사람이 나 한 명뿐이라고?"

구슬 같은 그의 갈색 눈이 우리 모두를 노려보았다. 마크는 한 마디도 하지 않고 짐을 바라보았다. 샐도 똑같이 못마땅한 얼굴이었다. 클라크는 머리를 숙이고 계산기로 무언가 계산을 하고 있었다. 나는 의자에 푹 파묻혀 모니터 뒤로 몸을 숨기려 했다. 제프는 자기 사무실에 있었다.

"겁쟁이들 같으니라구!"

짐은 새 수화기를 들어올리며 말했다. 그리고 살로먼 브라더스에 전화를 걸었다. 상대방이 무어라고 말하기도 전에 짐은 고함을 질렀다.

"야, 이 자식아! 내가 널 혼내 주러 롱아일랜드까지 직접 가주마!"

그는 돌아서서 사무실 문 밖으로 뛰쳐나갔다. 사무실은 쥐죽은 듯 조용했다. 우리 모두 서로를 바라보았다.

제프가 자기 사무실에서 나와 물었다.

"사장님은 어디에 가셨소?"

"사장님은……."

마크가 말을 멈추었다.

"어딜 가셨는데요?"

제프가 채근했다.

"누군가를 혼내주러 롱아일랜드에 가셨습니다."

마크가 대답했다.

"뭐라고요?"

"누군가 혼내주려고 롱아일랜드로 가셨다고 말했습니다."

"그래요?"

제프는 돌아서서 사무실로 돌아가며 중얼거렸다.

"그 친구가 롱아일랜드에 살지 않을 텐데."

10분 후, 짐이 다시 나타났다. 아직 흥분이 가라앉지 않은 상태였다.

"그 자식을 구해 줄 놈은 세계무역센터의 경비뿐일 거야."

짐이 소릴 지르며 말했다.

"날 그만두게 하지 못할걸. 그 누구도 짐 크레이머를 멈추게 할 수 없다는 것을 그놈은 배우게 될 거야."

그 주 후반기에 누군가 인기가 높은 신규 공개 기업의 주식을 잘못 배정하는 실수를 저질렀다. 월스트리트에는 크레이머 로젠탈(Cramer Rosenthal)이라는 또 다른 헤지펀드가 있었다. 사람들은 항상 그들과 우리를 혼동했다. 한 거래처의 주식중개인 부하 직원이 우리에게 전화를 걸어 배정된 물량이 아주 많다고 전해 주었다. 우리가 기대하거나 일반적으로 받았던 물량보다 훨씬 많았다.

"2만 주를 배정한다는 겁니까?"

나는 짐이 들을 수 있도록 크게 되물었다. 그가 전화로 이 소식을 전할 때 나는 거래용 책상에 앉아 있었다. 그가 확인해 주었고, 나는 재차 물었다.

"2만 주가 확실하죠?"

그가 다시 한 번 확인해 주었다.

우리 모두 기분이 좋아 서로 손바닥을 마주쳤다. 그런데 곧 그 주식중개인에게서 다시 전화가 왔다. 부하 직원이 실수를 했다는 것이었다. 우리에게 배정된 수량은 2000주에 불과했다. 부하 직원이 실수로 로젠탈에 배정된 물량을 우리에게 말한 것이었다.

“그러니까 우리 물량이 2000주라는 말씀이죠?”

나는 물었다.

짐은 이 말을 듣자마자 아랫입술을 강하게 깨물었다. 마치 자기 얼굴의 절반을 집어삼킬 것 같은 기세였다.

“그 부하 직원이 한 번도 아니고 두 번이나 확인했잖아!”

짐이 소리를 질렀다.

“그게 문제라니까. 당장 수화기를 내려놔!”

나는 전화를 끊었다.

2초 후에 내 전화벨이 울렸다.

“받지 마!”

짐이 소리쳤다.

나는 그의 말을 따랐다. 내 전화가 잠잠해지더니 짐의 전화벨이 울리기 시작했다. 그는 의자에 앉아 꼼짝도 하지 않고 모니터를 뚫어져라 쳐다보았다.

“아무도 전화 받지 말라구!”

짐이 지시했다.

몇 분 지나지 않아 여러 대의 전화에서 벨이 동시에 울렸다. 보통 때 같으면 전화를 받지 않는다고 난리가 났을 테지만, 지금은 아무도 전화를 받을 수 없었다. 마크가 몸을 숙여 전화를 받는 제스처를 했다.

"마크, 내가 뭐랬지?"

짐이 날카롭게 말했다.

마크는 물러앉았다.

마침내 짐은 누군가 사무실 바깥 사람과 이야기를 나누어야 할 것이라고 생각했다. 그는 주식중개인에게 전화를 했다.

"너무 늦었소. 그 2만 주를 다 팔아 버렸소."

나는 모니터를 보고 그것이 불가능하다는 것을 알았다. 신규 공개 기업의 주식 거래가 아직 시작되지도 않았기 때문이다.

짐은 그 주식중개인이 그 점을 지적할 시간도 주지 않았다.

"처신 좀 잘 하시오!"

짐에게 찍히면 그 주변에 그리 오래 머물지 못했다. 짐은 내가 지금까지 만나 왔던 사람들과 달리 원한을 오랫동안 품었다. 그의 성격은 좀 유별난 데가 있었다. 직원들은 짐 때문에 클라크를 그의 실제 이름인 '래리'로 부를 수가 없었다.

짐이 싫어하는 대표적인 사람은 세스 토비아스(Seth Tobias)로, 그는 한때 짐을 위해 일했던 아주 유명한 펀드매니저였다. 세스는 서클 T. 파트너스(Circle T. Partners)라는 헤지펀드를 운영하고 있었는데, 종종 CNBC에 출연했다. 그의 용서할 수 없는 죄악은 짐의 세계를 스스로 떠난 것이었다.

"내가 아는 것을 다 가르쳐 주었더니 돈을 더 벌겠다고 떠났어. 탐욕스러운 놈 같으니라고."

짐은 과거를 떠올리며 실망감으로 머리를 좌우로 흔들었다. 짐에게 그는 경멸적인 형용사를 사용하지 않고는 말할 수 없는 사람이었다. 짐은 그를 '애스홀(Asshole: '똥꼬 같은 놈', '더러운 놈' 이라는 뜻의 비속어)' 세스 토비아스라고 불렀다. 마치 '애스홀' 이 그의 이름의 일부인 것처럼 사용한 것이다.

샘은 '배신자' 세스 토비아스라고 불렀다. 세스가 TV에 출연할 때마다 샘은 "무슨 사기를 치려고 또 나타났지?" 라고 말하곤 했다.

제프는 세스가 뭐라고 말하든 그가 잘못하고 있다는 것에 동의했다. 우리 모두 맞장구를 쳤다. 짐은 모니터 뒤에서 우리의 비난에 귀기울이며 만족해했다.

"난 더 이상 그 바보 같은 놈의 이야기를 들어줄 수가 없어."

내가 이 회사에 오기 전에 짐과 카렌을 위해 일하던 또 다른 거래인이 있었다. 특별한 이유는 없었지만 그가 떠난 후 짐은 오랫동안 그를 비웃었다. 그는 세스처럼 TV에 출연하지도 않았다. 그런데도 불구하고 짐은 그를 느닷없이 비웃곤 했다. 나는 그를 만난 적이 없다. 하지만 그를 아는 것처럼 느껴졌다. 그의 이름은 마이클이었다. 그는 어느 것 하나 소신 있게 하지 못하는 겁쟁이였다. 우리 모두 그를 "정말 쓸모없는 사람이야" 라고 말하며 비웃었다.

어느 순간에라도 친구가 적이 될 수 있었다. 짐이 처음 CNBC에 출연했을 때, 그는 명사들과 어울리게 된 것을 어린아이마냥 기뻐하며 크리스마스 아침에 회사로 돌아왔다. 월스트리트에는 언제나 CNBC 기자들이 상주하고 있었다.

"그들 모두 내 친구라구."

짐이 자랑했다. 그는 그 중에서도 특히 마리아 바르티로모와 친하다고 말했다.

"그녀는 나를 그냥 놔두지 않아."

짐이 덧붙였다.

마리아가 몇 번 전화해서 그와 통화를 한 적이 있었다. 짐은 종종 마리아에게 전화를 했다. 그는 그녀의 직통 전화번호를 알고 있다는 것을 자랑했다. CNBC에 출연하는 동안, 짐은 시장 상황이나 여러 애널리스트들이 언급한 정보를 제공하면서 방송국 관계자들을 도우려고 애썼다. 우리는 대부분의 증권회사들로부터 그러한 정보를 제공받는 첫 번째 회사였다. 짐은 이렇게 제일 먼저 정보를 제공받는 지위를 이용해 기자들을 돕기로 마음먹었다. 그들 모두 새로운 뉴스를 제일 먼저 전하는 사람이 되고 싶어했다.

짐의 전략은 마크와 함께 매수 주문을 내놓은 다음 마리아에게 전화하는 것이었다. 그녀가 TV에 그 뉴스를 보도하자마자 그 주식의 주가가 급등했다. 그러면 짐은 우리가 매수한 주식 전량을 마크를 시켜 매도하게 했다. 짐은 마리아를 돕는 동시에 그녀를 이용하고 있었던 것이다. 그는 마리아에게 특종 기사거리를 제공했고, 그녀는 주가를 움직일 수 있는 뉴스를 퍼뜨렸던 것이다. 우리는 그 뉴스를 이용만 한 것이 아니라 뉴스를 만들기도 했다. 마리아가 도움을 줘서 고맙다고 우리에게 인사하기 무섭게 우리는 그에 대한 보상을 받았다. CNBC 친구들 덕분이었다.

한동안 이와 같은 식으로 일이 진행되었다. 그러던 어느 날 아침, 마리아에게서 전화가 걸려 왔다. 그녀는 짐과 통화하기를 원했다.

"앞으로 마리아와 다시는 이야기하지 않을 거야."

마리아에게 전화가 왔다고 말하자, 짐이 말했다.

"그녀를 너무 도와줬어. 알겠어?"

나는 고개를 끄덕였다.

"엿이나 먹으라고 해!"

짐이 거래용 책상을 치며 말했다.

제프는 나중에 마리아가 그 전날 저녁 파티에서 자기를 무시했다고 짐이 느끼고 있기 때문이라고 말해 주었다. 마리아가 다른 사람들과 이야기를 나누고 있을 때 짐이 끼어들었는데, 언뜻 보기에 마리아가 반기지 않았던 것이다.

제프는 "아마도 마리아가 그와 이야기를 주고받을 분위기가 아니었을 거야"라고 말했다.

어쨌든 크레이머 앤드 컴퍼니는 마리아 바르티로모를 다시는 도와주지 않았다. 그 후 우리가 주식을 사고 나서 정보를 주기 위해 통화한 사람은 데이비드 페이버였다. 모든 일이 순조롭게 잘 진행되었다. 얼마 되지 않아 데이비드도 우리에게 많은 이익을 가져다 준다는 게 입증되었다.

1996년 11월 초 어느 금요일, 새로 온 비서가 짐에게 데이비드한테 전화가 왔다고 전했다. 짐이 전화를 받았다. 갑자기 그의 눈이 커지더니 의자에서 벌떡 일어났다. 그는 수화기를 놓고 모니터를 바라보더니 마크에게 MCI 주식 10만 주를 매수하라고 지시했다.

"지금 당장! 당장 하라고!"

마크는 골드만삭스 거래용 수화기를 들고 주식중개인인 버나데트에게 주문을 했다.

"지금 바로 MCI 주식 10만 주가 필요합니다. 뉴스가 있을 거예요."

마크가 주문을 하며 말했다.

골드만이 그 주식을 우리에게 팔면 5초 후 뉴스가 보도되었을 때 그들이 비명을 지르게 될 것임을 알고 있었다. 짐이 머리털을 쥐어뜯으며 그 보도를 기다리는 것을 보면 무언가 좋은 일이 일어나리라는 것을 마크는 짐작할 수 있었다. 잠시 후 버나데트가 전화를 해 우리 주문대로 MCI 주식 10만 주를 매수했다고 마크에게 말했다.

그 후 한 시간도 채 지나지 않아 데이비드가 CNBC에 출연해 그 주식에 대한 뉴스를 보도했다. MCI를 누군가가 인수하려고 한다

MCI _ 1983년에 설립된 회사로 1989년 월드컴과 합병되어 'MCI WorldCom INC.'으로 이름이 바뀌었다. 미국 국내외 기업들과 소비자들에게 광범위한 통신 서비스를 제공하고 있다. 글로벌커뮤니케이션 회사로 특정 지역에 국한되지 않고 전 세계에 걸쳐 자체 설비를 통해 서비스를 제공하는 것을 정책의 기반으로 삼고 있다. '온 네트(on-net)'라는 이 정책을 통해 고객들은 전 세계 어디에나 데이터와 음성을 보낼 수 있다.

는 내용이었다. 데이비드는 이 정보를 믿을 만한 소식통으로부터 들었다고 했다. 그리고 현재의 주가에 높은 프리미엄이 붙어서 거래가 이루어질 것이라고 덧붙였다.

그가 입을 열자마자 사람들이 주식을 사러 몰려들기 시작했다. 대부분의 시청자들이 이제 막 처음으로 정보를 듣고 주식을 사려고 하자 MCI 주가가 급등했다.

짐은 골드만삭스 거래용 전화가 울릴 때 의자에 푹 파묻혀 미소를 짓고 있었다. 전화를 건 사람은 버나데트였다. 그녀는 마크에게 정보를 알려 줘서 고맙다고 말했다. 골드만삭스는 우리에게 10만 주를 사주었을 뿐만 아니라 자신들도 같은 수량의 주식을 매수했던 것이다. 덕분에 그들도 큰 수익을 올릴 수 있었다.

"내가 빚을 진 셈이군요."

버나데트가 덧붙였다.

"월스트리트에서는 정보가 돈이죠."

마크가 대답했다.

그날 장이 마감된 시점에 MCI와 브리티시텔레콤은 그 뉴스를 확인해 주었다. MCI 지분을 10% 보유하고 있는 브리티시텔레콤은 나머지 지분을 인수하는 데 관심이 있었다. 실제로 MCI를 인수한 것은 **월드컴**(WorldCom)이었지만 우리는 이미 주주 명부에 등재되어 있었다.

데이비드와 짐만이 실제로 그들 사이에 무슨 말이 오갔는지 알 것이다. 기자들은 종종 우리에게 전화를 걸어 증권시장에 떠도는 소문을 확인할 수 있는지 묻곤 했다. 우리는 훌륭한 소식통이었다. 내가 말할 수 있는 것은 이러한 경우 짐은 말을 하지 않고 듣는다는 것이었다.

크레이머 앤드 컴퍼니에서 근무하는 동안 하루라도 소문이 들리지 않는 날이 없었다. 연방준비제도이사회 의장이 사임을 한다거나, 어떤 회사의 CEO가 죽었다거나, 어떤 회사가 중요한 뉴스를 발표할 것이라든가 하는 것들이었다. 그 소문은 추측이지만, 실제로 근거가 있는 것들도 있었고 근거가 전혀 없는 것들도 있었다. 나는 흥미로운 소문이 돌고 난 직후 몇 분 지나지 않아 인텔, 선마이크로, IBM 등 많은 주식들이 큰 폭으로 오르내리는 것을 목격했다.

소문은 그 특성상 악용되기 쉽다. 증권시장은 실물 경기를 앞서간다. 사람들은 앞으로 어떠한 뉴스가 발표될지 알아내기 위해 항상 혈안이 되어 있다. 이것이 또 소문을 만들어낸다. 짐은 대박을 터뜨리기 위해 소문을 계속 만들어내야 한다는 것을 잘 알고 있었다.

짐은 소식을 들은 다음 포지션을 취하고, 우리에게 그 소문을 퍼뜨리도록 했다. 우리가 중요한 무언가를 알아내면 짐은 그 정보를 이용할 준비가 될 때까지 그 정보를 흘리지 않기를 원했다. *그 정보가 사실이든 아니든 그것은 아무 관계가 없었다. 문제가 되는 것은 다른 거래인들이 그*

월드컴 _ 가입자 2천만 명, 직원 5만 4천 명으로 통신제국을 형성했던 월드컴의 회장 버나드 에버스는 2000년 초반 IT 거품이 꺼지자, 역사상 가장 큰 회계 부정 사건을 일으킨다. 2년여의 검찰 조사 끝에 재무 담당 이사가 사실을 고백함으로써 월드컴의 신화는 무너졌다. 현재는 MCI WorldCom으로 바뀌었다.

것이 사실이라고 믿느냐는 것이었다. 정보의 사실 여부에 관계없이 관심을 끄는 기사는 한동안 주가를 움직일 수 있었다.

CNBC와의 관계 말고도 짐은 개인적으로 주식중개인과 펀드매니저들에게 전화를 해 입수한 정보를 퍼뜨렸다. 그도 알지만 사실 대부분의 소문은 엉터리였다. 하지만 막차를 타는 매수자가 아닌 한 돈을 벌 수 있었다. 주가가 오르면 그는 자신이 전화를 걸었던 사람들 중 누구에게라도 기꺼이 주식을 팔곤 했다.

언젠가 한 번 크게 손실을 본 적도 있었다. 모토롤라 주식을 매수했는데 전혀 반등할 기미를 보이지 않아 손절매(損切賣: 앞으로 주가가 더 떨어질 것으로 예상하여 손해를 감수하고 주식을 매입 가격 이하로 파는 일)를 한 것이다.

짐은 계속 모니터를 보며 안절부절못하고 있었다. 그는 며칠 동안 잠을 못 잔 사람처럼 보였다. 그의 갈색 눈은 툭 튀어나와 보였고, 산소를 더 많이 들이마시려는 듯 넥타이는 느슨하게 풀어 놓았다. 그가 갑자기 자신의 컴퓨터 너머로 몸을 기대더니 마크에게 말했다.

"모토롤라가 대규모 계약을 체결할 예정이라는데 알아봐."

우리가 모토롤라 주식을 산 것은 한 투자자가 그날 아침 "모토롤라에 호재가 있을 것" 이라고 알려 주었기 때문이었다. 우리는 그 소문을 듣자마자 모토롤라 주식을 사들였다. 그 소문이 확인되지 않자 짐은 일을 수습하기 위해 그 소문에 약간의 토를 달았다. 그리고 바뀐 내용의 소문을 다시 먼젓번 소문을 접한 사람들에게 전달했다.

짐이 한 일 중에서 가장 저질은 아이들을 위협하는 것이었다. 짐은 마크에게 화이자 1만 주를 사라고 지시했다. 보통 짐은 주문을 할 때 제한을 두었다. "그 주식 주문해" 라고 말하면 이것은 그가 그렇게 급하지 않다는 것을 의미했다. 그러면 우리는 약간 할인된 가격으로 주식을 사들이곤 했다. 아니면 "반절은 사고 반절은 주문을 내" 라고 말했는데, 이것은 반절은 현재 가격으로 즉시 사고, 나머지 반은 더 낮은 가격에 매수하라는 의미였다. 그리고 "매수해" 라고 말하면 현재 가격으로 모두 매수해도 좋다는 뜻이었다.

화이자 주식을 주문할 때 짐은 매수하라고 지시했다. 마크는 그가 지시받은 대로 주식중개인에게 주문을 하고 그 결과를 기다렸다. 시장에 주문을 낼 때는 언제나 리스크가 있었다. 짐은 50에 1만 주 매도 주문이 나온 것을 보았다. 그래서 그는 50에 주식을 살 수 있을 것으로 생각하고 1만 주 매수 주문을 냈다. 그런데 불행하게도 우리가 주문을 내기 몇 초 전에 다른 사람이 같은 주문을 냈다. 그들은 50에 매수를 했지만, 우리는 우리가 주문한 1만 주가 50.5에 체결되는 것을 보아야 했다.

항상 그랬던 것처럼 짐은 화이자 주식 거래를 하나도 빼놓지 않고 지켜보았다. 우리가 매수를 끝마친 후 바로 짐은 다른 사람의 1만 주가 50.5에 매도되는 것을 보았다. 그는 즉시 누군가가 선수를 치고 있다고 느꼈다. 주문이 주식중개인을 통해 증권거래소 객장에 도착할 때까지는 통상 1~2분이 걸린다. 마크가 짐의 결과 보고를 입수할 무렵, 그 주식은 다시 50에 거래되고 있었다.

"말도 안 돼. 인정할 수 없어!"

마크가 그 소식을 전하기도 전에 짐이 외쳤다.

주식중개인은 결과적으로 매매 타이밍이 나빴다고 인정했다. 화이자 주식이 그 후 더 낮은 가격에 거래되었기 때문이다. 우리는 5000달러의 손실을 입었다. 하지만 그는 주문에 따라 일을 처리했을 뿐이라고 주장했다. 마크는 주식중개인의 말을 짐에게 전했다.

짐은 한 손으로 책상 위에 있는 서류 뭉치들과 노트북 컴퓨터, 하노버 식당에서 배달한 야채 요리 등을 밀쳐 사무실 바닥에 내동댕이쳤다.

"인정할 수 없단 말이야!"

그는 이를 갈며 같은 말을 되풀이했다.

주식중개인이 자신은 잘못이 없다고 계속해서 말하는 것을 들은 짐은 마크가 들고 있는 수화기를 손으로 가리키며 냅다 소리를 질렀다.

"그놈이 내 자식들이 먹을 음식을 다 빼앗아 갔어!"

그는 책상 위로 올라가 자신의 모니터를 뛰어넘어 마크가 통화하고 있는 수화기를 빼앗았다.

"당신 가족이 어디 있지? 가족이 어디 사냐구? 당신, 내 자식들 입에서 먹는 것을 뺏어 갈 수 있다고 생각해?"

그가 날카롭게 소리쳤다.

책상 주위에 앉아 있던 우리는 1미터 가량 뒤로 물러섰다. 짐이 금세라도 우리에게 달려들 것만 같았기 때문이었다. 그는 수화기에 대고 계속해서 고함을 질렀다.

"당신 아이들 어디 학교 다니지? 하교할 때 앞에 서 있다 그 아이들을 만나야겠어."

짐은 수화기를 내팽개치듯 내려놓았다. 그리고 우리를 향해 늘 하던 말을 되풀이했다.

"이곳은 월스트리트야! 그리고 이게 우리가 하는 일이야!"

짐의 거래 방식은 냉혹했다. 그는 전시(戰時)에는 자신이 하는 어떠한 일도 정당하다고 생각했다. 일이 뜻대로 잘 풀리지 않으면 절대로 그냥 받아들이지 않았다. 그는 조용히 협의를 하는 법이 없었다. 고함을 치고, 소리를 지르고, 날뛰고, 위협을 하면서 물건들을 때려부수었다. 그것이 그의 스타일이었다. 우리 모두 그것을 받아들여야 했다.

짐이 그렇게 행동하는 이유는 매우 간단하고 단순했다. 그러한 전술이 먹혀들었기 때문이다. 그는 그런 식으로 해서 인기가 많은 신규 공개기업 주식을 수천 주 추가로 받기도 했다. 처음에는 손해를 보았지만 모토롤라 소문을 조금 수정함으로써 손실을 만회할 수 있었다. 누군가의 자식들을 위협함으로써 가격을 낮춰 상당한 금액을 절약할 수도 있었다. 그 누구라도 그에게 도움을 주는 사람이 될 수 있었다. 그가 원하는 것을 기꺼이 제공하겠다는 사람은 언제나 있었다. 그가 마리아 바르티로모와 싸워서 얻게 된 혜택을 보면 알 수 있지 않은가.

몇 년 동안 그의 공격적인 스타일은 변하지 않았다. 단지 그가 좋아하는 음악만이 바뀌었을 뿐이다. '발퀴레의 기행' 후에 영감을 주는 성가들을 좋아하다가 나중에는 랩인 '갱들의 파라다이스(Gangsta's Paradise)'가 그의 차트 제일 상단을 차지했다.

돈과 권력, 권력과 돈, 매 분마다, 매 시간마다…….

짐은 비둘기처럼 머리를 위아래로 까딱이며 박자를 맞추면서 모니터 뒤에 서 있었다. 그는 쿨리오(Coolio)의 노래를 따라 부르면서 자주 우리를 향해 상상의 총을 겨누고는 방아쇠를 잡아당겼다.

그들은 대부분의 삶을 갱들의 천국에서 살면서 보내죠.
우리들 대부분의 삶을 갱들의 천국에서 보낸답니다.

"어머니, 다시는 오지 마세요"

1995년 중반에 나는 삶의 일대 전환기를 맞게 되었다. 초기에 마음 한 구석에서 고통을 주었던 걱정이 공포의 감정으로 바뀌고 있었다. 이러한 공포감은 사무실에 들어설 때마다 나를 엄습했다. 뱃속이 늘 좋지 않아 하노버 델리의 메뉴판에 있는 어떤 음식도 입맛을 당기지 못했다. 나는 무언가를 걱정하는 것을 잊어야 한다고 생각하면서 매 순간을 보냈다.

그러나 이러한 감정들에서 벗어나려고 노력하고 있었다. 나는 이 직업에 내 모든 열정을 쏟겠다는 처음의 다짐을 다시 한 번 떠올렸다. 나의 이 무책임한 감정은 나의 나약함을 보이는 것밖에 되지 않는다고 생각했다. 나는 그러한 감정이 나의 성공을 방해하는 것을 허용하지 않을 작정이었다. *나는 이곳에서 성공할 수 있을 만큼 강인하다. 나는 나 자신과 다짐을 했다. 어느 것도 나를 좌절시키지 못할 것이다.*

아무리 다짐을 해도 괴로움은 매일 지속되었다. 짐은 사무실에서 폭군이었다. 우리 다섯 명은 하루 종일 그와 함께 있어야 했다. 우리는 작은 사무실에서 다람쥐 쳇바퀴 돌듯 살았다.

마크는 에티켓 같은 것은 별로 신경 쓰지 않고 모든 사람을 공정하고 친절하게 대하려고 애썼다. 짐은 마크가 언제나 0.125달러의 차액만을 우리에게 남겨주는 주식중개인들을 옹호한다고 그에게 항상 화를 냈다. 나는 마크가 전화 통화를 하면서 "제발 부탁합니다" 또는 "감사합니다"라고 말할 때마다 짐이 못마땅해하는 것을 보았다. 마크가 공손하게 말할 때마다 짐은 제프의 사무실로 가곤 했다. 닫힌 문 뒤로 '어릿광대'나 '바보'와 같은 단어들이 들렸다.

클라크는 평균 주가나 총 보유 주식 수를 제시하라는 요청을 받곤 했다. 짐은 자신이 관장하는 수천 건의 거래를 모두 추적해 볼 수 있는 초인적 능력을 가지고 있지만 때때로 확인을 하곤 했다. 클라크는 일을 하다가 이따금 고개를 들어 사무실을 둘러보곤 했다. 그는 평균 몇 센트만 틀리거나 포지션에 몇천 주만 착오가 나도 난리가 났다.

샐도 다른 사람들과 마찬가지로 사무실에서 대부분의 시간을 보냈다. 그도 사람들과 친해지려고 노력하면서 회사에서의 첫날을 시작했었다. 처음에 그는 마크에게 자신이 '서커스단의 광대'처럼 유머 감각이 있다고 말했다. 클라크는 마크에게 건네줄 포지션 서류들 중 한 장을 실수로 빼먹어 혼난 적이 있었다(나는 이때까지 그의 관심 밖이어서 정말 다행이었다). 그리고 샐은 짐이 IBM 주식 50만 주를 사라고 했을 때 실수로 판 적이 있었다.

"앞으로 정신 똑바로 차리지 않으면 아주 따끔한 맛을 보여주겠어. 알겠나!"

샐을 제외한 나머지 사람들은 이보다 더 좋은 선물이 있을 것으로 생각지 않았다. 우리의 기쁨은 다른 사람의 불행을 즐기는 것이 되고 말았다. 예를 들어 짐이 샐에게 모욕을 주고 있는 순간에는 적어도 다른 사람에게 모욕을 주진 않았기 때문이다.

나는 증권 인수업자들에게 신규 공개 기업의 주식을 보유하겠다고 약속해 놓고 그렇게 하지 않은 데 대해 일시적으로 도덕적 책임감을 느꼈다. **알렉스 브라운**(Alex Brown)의 한 주식중개인이 파인 에어(Fine Air)라는 소규모 운송 회사의 주식을 사라고 조언해 주었다.

내가 '신규 증권 발행 후 시장'에서 이 회사 주식 5만 주를 사자마자 이 회사가 보유하고 있는 항공기 13대 중 한 대가 마이애미에서 그만 추락했다. 미국 연방항공국은 기업공개가 있기 전 한동안 파인 에어를 조사했다. 나는 이 사실이 공모 안내서에 언급되어 있지 않았던 것으로 기억한다. 알렉스 브라운이 그 거래 자체를 무효화하지 않았다

알렉스 브라운 _ 1800년대에 설립된 독일계 개인 자산 운용을 위주로 하는 은행으로 마이크로소프트, 오라클, 스타벅스 등 업계의 선두 주자들에 대한 투자를 위주로 하고 있다.

면 나는 벌써 쫓겨났을 것이다.

우리 모두 계속해서 몇 개월 동안 사무실에서만 근무할 때가 있었다. 누구라도 짐에게 그가 이미 알고 있는 것을 말하면 몹시 화를 냈다.

포지션에 관한 뉴스가 입수되었다고 하자. 그러면 짐에게 "IBM 수익에 관한 정보입니다"라고 보고할 것이다. 후회하는 것보다 안전한 게 낫다. 새로운 뉴스라면 짐에게 알려 주어야만 한다. 하지만 그 수익은 한 시간 전에 이미 입수된 정보였다. 그는 이런 것들을 용서하지 않았다.

"제기랄, 그 뉴스는 5년이나 지난 거라구."

짐이 모니터 뒤에서 소리를 질렀다.

"그래요, 5년이 넘었습니다."

샐이 맞장구쳤다.

아니면 정말로 새로운 뉴스 헤드라인을 보았다고 가정하자. 우연히 다우존스에 관한 정보를 보다가 "인텔의 주식 환매가 증가하고 있습니다"라고 말할 수 있다.

"그런 정보 정도야 나도 읽을 수 있다구."

짐이 말한다.

"맞아, 우리도 그 정도는 읽을 수 있어."

샐이 동의했다.

이제 당신은 입을 다물고 있는 게 가장 현명한 방법이라는 것을 알게 되었을 것이다. 회사가 5만 주를 보유하고 있는 주식에 관한 뉴스 헤드라인을 보았을 수도 있다. 하지만 짐과 샐은 이미 여러분의 마음을 갈가리 찢어놓았다. 아무 말도 하지 않는 것이 더 좋을 듯싶다. 주식이 급락하기 시작했지만, 짐은 이에 대해 전혀 반응을 보이지 않았다.

"EMC에 무슨 문제가 있는 거지?"

그가 묻는다.

여러분은 뉴스가 있었다고 대답한다.

"당신한테 무슨 문제가 있는 거야?"

이번엔 짐이 아직 그 내용을 보지 못했다.

"이봐, 회사가 손실을 보면 좋겠어?"

샐이 그의 말에 맞장구치는 순간, 짐은 모니터를 사무실 바닥에 내동댕이친다.

무언가 잘못되었을 때에만 그런 대접을 받는 것으로 생각할 수 있다. 하지만 짐은 늘 그런 식으로 행동했다.

어느 금요일 오후 한 주식중개인과의 거래를 모두 정리한 후, 짐에게 "즐거운 주말 보내십시오" 라고 말했다.

"즐거운 주말 보내라고?"

짐이 자리에서 일어나서 나를 노려보았다.

"즐거운 주말을 보내라는 말은 나와 네 어머니한테만 해당되는 거야! 다른 사람들은 아니라구."

아마 나는 어머니에게 즐거운 주말을 보내시라고 말할 수 있을 것이다. 하지만 그것이 어머니가 크레이머 앤드 컴퍼니에서 환영받는다는 것을 의미하지는 않았다.

짐은 내 어머니를 사무실에 오시라고 여러 번 초대했다. 〈뉴욕타임스 북 리뷰〉의 열렬한 독자인 짐은 월요일 아침마다 어머니나 아버지가 그 신문에 쓴 리뷰를 읽었다고 말하면서 나를 반겼다.

"언제 부모님 한번 안 들르시나?"

그가 물었다.

"조만간 들르실 겁니다."

나는 조금 당황해서 대답했다.

어머니는 월스트리트에 한번 들르라는 그의 초대를 받아들였다. 하지만 어떻게 어머니에게 사무실에 올라오시기 전 아래층 공중전화에서 먼저 전화해 달라고 이야기할 수 있겠는가?

나는 '어머니가 전화를 끊고 사무실에 들어오는 사이에 무언가 잘못될 수 있는 가능성을 줄이기 위해 어머니가 아래층에서 전화를 해야 한다' 고 말하는 자신을 상상해 보았다. 나는 짐이 누군가에게 "이 개 같은 자식아!" 라고 욕하는 것을 어머니가 듣게 되는 것을 원치 않았다. 또 혹시나 내던진 컴퓨터 모니터에 얻어맞지는 않을까 하는 우려도 있었다.

어쨌든 어머니는 우리가 약간 손실을 보고 있을 때 사무실에 찾아왔다. 내가 어머니를 소개할 때 짐은 자기 머리를 쓰다듬고 있었다. 그는 미소를 지으려고 애쓰며 간단하게 "안녕하세요?" 라고 말했다. 그리고 '왜 지금 오셔' 라고 말하는 듯한 눈빛으로 나를 노려보았다.

"전 이야기하기를 좋아하죠. 하지만 *제기랄, 지금은 아주 죽게 생겼습니다.*"

짐은 모니터를 바라보며 말했다.

우리와 아무런 관계가 없는 사람이 어머니를 대하는 짐의 태도를 본다면 그가 나를 무시하는 것으로 생각했을 것이다. 불행하게도 나는 그때의 상황을 객관적으로 볼 수 있는 능력을 갖지 못했다. 훗날 이 사건이 내게는 하나의 촉매 역할을 했지만 그 당시에는 어떻게 할 도리가 없었다. 내가 크레이머 앤드 컴퍼니와 월스트리트에서 살아남고 싶다면 사장이 이끄는 대로 따라야 했다.

"이리 오세요."

나는 어머니의 팔을 잡고 복도로 나갔다. 그리고 엘리베이터를 타고 나서 문이 닫히자 "어머니, 다시는 이곳에 오지 마세요" 라고 말씀드렸다.

며칠 후, 사무실 팩시밀리가 고장이 났다. 팩스가 들어올 때마다 송수화기가 크게 울리더니 도무지 멈추지를 않았다. 어디가 고장났는지 아무도 몰랐다. 우리는 벨이 울리는 장치를 끌 수도 소리를 줄일 수도 없었다. 벨은 멈추지 않고 계속 울려 댔다.

"벽에서 그놈의 선을 뽑아!"

짐이 화를 참지 못하고 소리쳤다.

나는 일어서서 벽 쪽으로 가서는 기계를 통째로 들어올리고 전선을 힘껏 잡아당겼다. 그제서야 소리가 멈췄다. 우리는 다시 일에 전념할 수 있었다.

"기다리는 팩스가 왜 안 들어오는 거야?"

짐이 30분 후 물었다. 팩시밀리 옆에 서서 나는 선을 다시 연결하려고 했다.

"정말 중요한 팩스를 기다리고 있다고! *이제 보니 네가 모든 걸 망치고 있잖아!*"

나는 내가 무엇을 하는지 깨닫기도 전에 팩시밀리를 머리 위로 번쩍 들어올려서는 바닥에 내동댕이쳤다. 기계의 회로기판과 전선들이 바닥에 나뒹굴었다. 팩시밀리 기계 값을 물어내야 할 게 분명했다. 나는 바닥에 널브러져 있는 부품 조각들 위로 뛰어오른 다음, 팩시밀리 몸체를 발로 힘껏 찼다. 그러면서 기계에다 대고 쏘아붙였다.

"이런 멍청한 기계 같으니라고!"

나는 저항할 준비가 되어 있었다. 사람은 자기가 한 일에 대해 대가를 치를 줄 알아야 한다. 누군지도 모르고 왜 그런지도 모르지만 이 일로 인한 희생자가 있을 게 틀림없었다. 누군가 총알받이를 해야 했다. 나보다는 여러분이 더 잘 알 것이다. 공격을 당하지 않는 유일한 방법은 공격을 하는 것이다.

나는 부서진 팩시밀리 위에 올라서서 짐을 내려다보았다. 그는 미소를 짓고 있었다.

다음날 사무실에 도착해 보니 블룸버그가 고장나 있었다. 때때로 아침 6시 30분에 도착해서 보면 우리 시장 데이터 서비스 기기 한 대가 고장이 나 있곤 했다. 블룸버그일 때도 있고, 브릿지(Bridge : 두 개의 근거리 통신망을 상호 접속할 수 있도록 하는 통신망 연결 장치)나 ILX(선교차연결 기술)일 때도 있었다. 우리 터미널에 문제가 있을 때도 있고 시스템에 장애가 있을 때도 있었다. 짐은 가격 제시, 뉴스 등을 포함하여 우리가 외부에 접촉하거나 회사를 운영하는 데 필요한 모든 것들을 이 서비스 업자들에게 의존했다. 이런 문제 때문에 우리는 한 번에 서너 업체와 계약을 했다. 한 업체가 설령 문제가 있더라도 다른 업체를 이용하면 해결되었기 때문이다. 그래도 짐은 노발대발하곤 했다.

"블룸버그가 5분 안으로 작동되지 않으면 오늘부로 당신을 연봉 3만 달러 일자리에서 해고하겠소."

나는 짐이 서비스 센터에 전화를 걸어 엄포를 놓는 것을 들었다.

블룸버그가 주어진 시간 안에 작동되지 않자, 짐은 서비스 센터에 다시 전화를 걸어 매니저를 바꿔 달라고 했다.

"내 블룸버그가 5분 안으로 작동하지 않으면 오늘부로 당신을 연봉 3만 달러 일자리에서 해고하겠소."

그는 매니저에게도 같은 말을 되풀이했다. 그래도 작동되지 않자 불화살이 내게 떨어졌다.

오래전에 이런 일이 처음 생겼을 때 나는 발신음이 나가는 몇 분 동안 고함을 질러 댔다. 사무실의 모든 사람들이 나를 바라보았다. 한가하게 있을 때가 아니었다. 짐과 샐은 통화 결과를 기다렸다. 나는 발신음에 대고 상황이 얼마나 심각한지 모르느냐고 물었다. 나는 심지어 협박까지 했다. 실제 상황에서 그런 강인함을 보이기 위해서는 그와 같은 실습이 필요했을지도 모른다.

이번에 서비스가 다운되고 팩시밀리가 고장났을 때에는 발신음이 울릴 때 고함을 칠 의도 없이 전화를 했다. 나는 서비스 센터 담당자와 통화하고 싶다고 말했다. 나는 수화기를 귀에 대고 의자에서 일어났다. 책상에 앉아 있던 사람들이 일제히 나를 쳐다보았다.

"내 블룸버그가 5분 안에 작동하지 않으면 오늘부로 당신을 연봉 3만 달러 일자리에서 해고하겠소!"

한 시간 후 아침식사 시간이 되었을 때, 하노버 델리에서 상한 과일 주스를 올려보냈다. 짐과 제프가 불평하기 전에 내가 먼저 수화기를 들었다.

"오래된 멜론보다 더 역겨운 건 없소이다. 아주 흐물흐물해졌소. 단물이 신선하지 않으면 전혀 맛이 없다는 걸 알지 않소? 아주 썩은 요구르트 맛이라니까!"

그날 오후, 한 거래인이 주문 체결 결과가 좋지 않다고 알려 왔다. 그는 지금 0.25에 매매되는 주식을 0.50에 1만 주 매수했다고 말했다. 그가 말을 잇기 전에 내가 먼저 말을 꺼냈다.

"당신, 날 가지고 놀겠단 말이오?"

나는 이길 것을 예상하고 말싸움에 뛰어들었다. 그래서 다음 단계로 넘어갈 준비가 되어 있었다. 지금이 전시이고 살기를 원한다면 싸우는 방법을 배워야 했다. 나는 사장이 원하는 대로 행동했다. 나는 공세를 취했고, 공격을 당하기 전에 공격하기로 마음먹었다.

그날 퇴근 무렵, 나는 누가 나에게 뭐라고 하기 전에 잘못된 모든 것을 남의 탓으로 돌렸다. 다른 사람이 잘한 일을 내가 한 일이라고 공로를 새치기하기도 했다. 퇴근 후 집으로 가는 혼잡한 기차에 간신히 올라탔다. 나는 그날 다른 사람들에게 한 번도 공격을 당하지 않고 하루를 보냈다.

고통의 나날들

크레이머 앤드 컴퍼니에서 처음 일을 시작하던 날, 나는 모든 일을 다 해보기로 마음먹었다. 음식도 주문하고, 이메일도 점검하고, 연구도 하고, 거래도 했다. 사업의 모든 부분에 참여하고 나서 정복해야 할 산이 하나 더 있다는 것을 깨달았다. 무엇보다도 큰 거래를 해보고 싶었다. 그리고 주식을 선택하고 싶었다.

크레이머 앤드 컴퍼니에서 3개월이 지났을 때 드디어 기회가 찾아왔다. 오전 10시 55분, 점심을 주문하고 있을 때였다. 제프가 자기 사무실에서 나와 회사가 참가해야 할 전화회의가 세 곳에서 열린다고 전했다. 짐 크레이머는 많은 일을 할 수 있지만, 동시에 세 곳의 회의를 청취할 수는 없었다. 제프가 한 곳을 맡고, 짐이 다른 한 곳, 그리고 내가 세 번째 전화회의를 맡도록 지시가 내려졌다.

10분 후, 한 곳의 전화회의를 청취하면서 짐이 모니터 뒤에 서서 나를 내려다보았다. 크레이머 앤드 컴퍼니에서 나는 손짓과 표정이라는 새로운 언어를 배웠다. 거래용 책상에서 전화를 받는 중에도 옆 사람에게 의사를 전달하는 많은 방법이 있었다. 이 경우 수화기를 한쪽 턱으로 받치고 두 손을 사용하여 짐은 '그 전화를 어떻게 생각해?' 라고 분명하게 질문할 수가 있었다.

그 순간에 나는 시어스(Sears)의 CFO가 LIFO(last-in, first-out, 후입선출법 : 호출을 접속할 때 대기 호출 중에서 최후에 발생한 호출을 선택하여 접속하는 방식)에 관해 하는 이야기에 귀를 기울이고 있었다. 이것은 내가 첫 번째로 참석한 전화회의였다. 내겐 그 사람의 의견이 맞는 것처럼 들렸다(그들의 이야기는 거의 항상 옳은 것처럼 들린다). 그래서 엄지손가락을 치켜들어 최고라는 사인을 보냈다. 내가 무슨 일이 일어났는지 깨닫기도 전에 짐은 즉시 마크에게 그 주식을 사라고 손으로 신호를 보냈다. 마크는 "얼마나?" 라고 물었고, 짐은 양손을 펴서 들어 보였다. 그래서 우리는 1만 주를 주문했다.

나는 짐이 그 주식을 꼭 사야 된다고 판단해서는 안 된다고 생각했지만 이미 너무 늦었다. 이마에 식은땀이 났다. 나는 LIFO가 무엇을 의미하는지 알지 못하는 것을 제외하고는 전화회의가 잘 진행되고 있다고 생각했다. 전화회의가 끝날 때쯤, 시어스측에서 매우 보수적인 견해를 내놓았다.

그날 오후 늦게, 짐과 나는 서류보관실에서 둘만의 대화를 나누었다. 우리가 취해야 할 조치는 매수가 아니라 매도였다. 그 실수로 우리는 2만 달러나 손실을 보았다. 짐은 화가 머리끝까지 치솟았다.

"자네도 고통을 느껴 봐야 해."

짐이 성난 표정으로 말했다.

"내 말이 무슨 뜻인지 알지?"

그는 내 눈을 똑바로 쳐다보았다.

"돈을 잃는 것보다 더 나쁜 일은 없다구. 난 오늘 당신들 중에 누가 죽어도 눈 하나 깜짝하지 않을 거야."

뉴욕에서의 생활도 어느 덧 2년째로 접어들어 내게도 새로운 기회가 찾아왔다. 나는 여자 친구 베스와 함께 동거하기 시작했다. 대학 3학년을 마치고 휴학 중인 베스는, 13번가에 있는 내 숙소 근처의 '갭(Gap)'이라는 상점에서 점원으로 일하고 있었다. 원래 전일 근무제로 일했으나 얼마 전부터 근무 시간이 반으로 줄었다고 했다. 나는 갭이라는 상점이 체인점으로 다른 곳에도 많이 있으니 두 곳에서 근무를 하면 어떻겠느냐고 제안했다. 그러자 베스는 경기가 좋지 않아 다른 곳에서 일하는 사람들도 근무 시간이 줄어들고 있다고 말했다.

당시 주식시장은 10여 년간 호황을 누리고 있었다. 월스트리트 사람들은 전문 소매점 사업이 잘 되고 있지 않다는 것을 전혀 모르고 있었다. 갭은 매달 실적을 제외하고 판매 동향 같은 것에 대해서는 일절 언급하지 않았다. 소매업계에서는 '판매 실적 동일' 이라는 게 전년도보다 사업이 잘 되었다든가 안 되었다든가 하는 척도가 되었다. 무엇인가 중요한 것을 깨닫게 되었다는 것이 나를 흥분하게 만들었다.

나는 짐이 거래용 책상에 앉아 있을 때 가까이 다가가 볼펜 끝으로 책상을 찍었다. 우리는 한 주식중개인이 우리에게 입힌 손실에 대해 이야기를 나눴다. 그는 화를 냈다. 나는 내 생각을 간략하게 말해야 한다고 생각했으나 그 시기가 적절치 않은 것 같았다. 하지만 아무 말도 하지 않는 게 더 나쁜지도 모른다.

"사장님, 이것이 중요한지 모르겠지만 갭의 실적이 좋지 않은 것으로 생각됩니다. 여자 친구가 그곳에서 일하는데 매장에서 일하는 직원들의 근무 시간을 모두 줄였다고 합니다."

"마크."

짐이 갑자기 마크를 불렀다.

"GPS 5만 주 공매하도록."

나는 돌아서서 내 자리로 돌아왔다.

GPS 주식의 거래 상황을 점검하면서(GPS는 보통때라면 하루에 수백만 주가 거래될 것이다) 나는 마치 심장이 목에 걸려 있는 것 같았다. 주가가 0.50

포인트 오르면 짐은 5만 주를 추가로 공매하라고 지시했다. 짐이 서서 날 내려다보고 있을 때 나는 의자 깊숙이 몸을 파묻었다.

"프라이팬 위에 올라 있는 기분이 어때?"

짐이 물었다. 그는 질문 내용을 좀 더 자세히 알려 주기 위해 자신이 그린 그림을 들어올렸다. 빨간색으로 그린 그 그림은 불 위에 놓인 프라이팬에 사람이 들어 있었다.

이틀 후, 개장 전에 모든 소매업체들이 각자의 실적을 발표했다. 나는 마치 패잔병 같았다. 베스는 내가 한밤중에 일어나 앉아서는 "팔아! 팔아! 팔아!" 라고 소리를 질렀다고 주장했다. 내가 화장실에서 토하고 있을 때 제프가 문을 쾅 하고 닫고 들어와 GPS와 관련된 소식을 전해 주었다. GPS의 지난 6개월간의 실적이 과거보다 줄어들었으며, 기대했던 것보다도 훨씬 적었다는 것이다. 나는 변기에서 얼굴을 들어올렸다. 갑자기 엔도르핀이 샘솟는 것 같았다. 대박이었다. 나는 행복감에 젖어 화장실에서 나와 사무실로 돌아왔다.

주가는 전날 마감 때보다 1.50포인트 낮은 가격에서 출발했다. 마크는 공매도 포지션을 정리하는 작업에 들어갔다. 정리가 끝난 후 계산해보니 10만 달러 이상을 벌어들였다. 짐은 내게 1000달러를 보너스로 주었을 뿐만 아니라 양복을 사입으라고 2000달러를 더 주었다. 그 주 토요일에 제프는 나를 바니스 백화점에 데려갔다. 나는 인터뷰 때 입었던 낡은 양복을 구세군에 보냈다. 처음으로 짐이 아주 일을 잘했다고 칭찬해 주었다.

다음 주, 나는 그와 같은 실적을 다시 올리기 위해서는 무엇을 해야 할까 생각했다. 제프와 짐이 이미 기술 세계에 발을 들여놓았다는 것은 알고 있었다. 그들은 라우터(router : 랜을 연결해 정보를 주고받을 때 송신 정보에 담긴 수신처의 주소를 읽고 가장 적절한 통신 통로를 이용해 다른 통신망으로 전송하는 장치), 메인프레임(mainframe), 스토리지(storage : 컴퓨터 프로세서가 접근할 수 있도록 데이터를 전자기 형태로 저장하는 장소) 따위와 같은 단어들을 잘 알았다. 그러므로 내가 실리콘밸리 주식에 관심을 가져 봐야 별 소득이 없을 것이다. 나는 하나포드 브라더스(Hannaford Brothers), 시어스, 갭과 같은 소매업체 주식을 중점적으로 다루기로 마음먹었다.

나는 백화점, 할인점, 의류 제조업체, 원단 제조업체 등을 조사하는 작업에 들어갔다. 슈퍼마켓 현장조사를 위해 애리조나 주까지 가는가 하면, 하루에 제과점을 다섯 곳 들르기도 했다. 플로리다 주 팜비치에 있는 쇼핑몰들을 방문하기도 했다. 그리고 디자이너 전시실에 들러 다음 시즌에 유행할 상품들을 알아보기도 했고, 갈색 구두와 흰색 구두의 차이에 대해서도 배웠다.

1996년 들어서는 나 자신의 포트폴리오와 포지션을 관리하기 시작했다. 그해 1월 회사가 비버 가 56번지에서 월스트리트 100번지로 이사했을 때는 별도의 사무실을 배정받았다.

나는 이것이 내가 소매 전문 애널리스트가 될 수 있는 적기라고 생각했다. 연방공개시장위원회(Federal Open Market Committee)는 금리를 낮출 계획이었다. 전통적으로 소비자들의 소비가 증가할 것이라고 희망하면서 투자자들이 주식을 매수하길 원하는 시점이었다. 이를 알고 나는 소매업체 주식들을 매집했다. 실적이 호전되리라고 기대하면서 GPS 주식까지도 사들였다.

처음에는 모든 일이 순조롭게 진행되었다. 짐은 나의 제안에 따라 1996년 1월 15일자 〈뉴욕〉 커버스토리에 다음 해에 유망한 주식 열 종목의 포트폴리오를 소개했다. 그 중 하나가 영업 실적이 좋은 타깃 사업부 때문에 유명해진 소매업체 데이튼 허드슨(Dayton Hudson)이었다. 그들은 뉴욕 지역으로 사업을 확장하고 있었다. 이는 할인 소매업계의 경쟁업체인 K마트보다 그들이 더 훌륭한 회사라는 것을 지역 포트폴리오 매니저들에게 보여줄 수 있는 좋은 기회였다. 또 한 회사는 고급품 소매업체인 구찌였다.

두 종목 모두 큰 수익을 가져다 주었다. 짐은 1996년 중반 회사가 매수한 주식들의 수익률을 검토했다. 구찌는 주가가 거의 두 배로 뛰었고 데이튼 허드슨은 50% 올랐다. 나는 내 작업의 결과로 짐이 그의 '뉴욕 포트폴리오' 실적을 기분 좋게 바라볼 수 있게 된 것에 크게 고무되었다. 더욱더 나를 기쁘게 한 것은 그해 2/4분기에 내가 운영하던 자산은 소규모에 지나지 않았지만 수익은 크레이머 앤드 컴퍼니의 전체 수익에 적잖은 영향을 끼쳤다는 것이다.

회사에 입사한 지 3년차였던 나는 그해 여름이 될 때까지 회사를 위해 1400만 달러나 되는 수익을 올려 주었다. 제프는 여러 가지 주식과 시장의 전반적인 상황에 대해 내게 묻곤 했다. 짐은 언젠가 금요일 밤 집으로 전화를 걸어 나만큼 거래를 잘하는 사람을 본 적이 없다고 말했다. 그는 나를 "뛰어난 사람" 이라고 방문객들에게 소개했고, 주식을 선택할 수 있는 자유재량권을 주었다.

그러나 그 상황이 오래 지속되지 않을 것임을 알았어야 했다. 나는 너무 바빠 그만두어야 할 때를 생각지 못했다. 그해 여름 끝 무렵, 소매업 경기가 둔화되기 시작했다. 경기 사이클이 바뀌면서 새로운 분야가 뜨기 시작했다. 난 많은 돈을 벌어 주었지만 가을에는 수백만 달러의 손실을 보았다. 짐은 언젠가 금요일 저녁 우리 집으로 전화를 걸어 내가 5000만 달러의 수익을 올려 줄 것을 기대한다고 말했다.

짐이 보기에 나는 주식을 너무 오랫동안 보유하고 있었다. '보유(hold)' 라는 말이 크레이머 앤드 컴퍼니에서는 '욕' 이나 다름없었지만, 나는 몇몇 종목을 보유하는 경향이 있었다. 하지만 0.125포인트 오를 때마다 주식을 내다팔았으면 그처럼 많은 돈을 벌지는 못했을 것이다.

그럼에도 불구하고 짐은 내가 주식을 너무 오래 보유한다고 종종 화를 냈다. 짐이 5만 달러의 수익을 올리기 위해 내 포트폴리오의 주식들을 모두 팔려고 했던 맨 처음부터 그에게 굴복했더라면 더 나았을지도 모른다.

짐은 거의 매일 나를 헐뜯었다. 어떠한 실수도 받아들이지 않았다. 언젠가 나와 좋은 관계를 유지해 오던 스미스 바니의 소매업체 전문 애널리스트가 한 회사가 기대한 것보다도 더 좋은 실적을 발표할 것이라고 알려 주었다. 우리는 그 주식을 대량 매수했다. 하지만 실적은 기대치보다 더 좋지도 더 나쁘지도 않았다. 주가는 0.5포인트 빠졌다. 이것이 짐을 또 화나게 만들었다.

"닉, 자넨 남의 손에 놀아나는 것 같아."

그는 사무실 모든 사람들 앞에서 내게 쏘아붙였다.

그 후로 짐은 내게 말을 하지 않았다. 내가 "좋은 아침입니다"라고 말해도 대답이 없었다. 냉담한 태도를 보이는 것 이상이었다. 내 목소리를 듣고 내 얼굴을 보는 것조차 화가 나는 것 같았다. 그는 나와 어떠한 일도 하기를 원치 않았고 나를 무시했다. 사무실에서 내게 친절히 대하는 사람도 없었다. 샐은 짐을 대신해 나를 무례하게 대했다. 마크와 클라크는 나와 거리를 두고 지냈다. 제프는 짐이 사무실에 없을 때에만 말을 걸었다.

그 해 10월, 나는 베스와 결혼했다. 1년 전 뉴햄프셔 주에 있는 휴양지 초코루아 호수 둑에서 그녀에게 청혼을 했었다. 일요일 오후, 그녀의 갈색 눈을 보고 내가 여생을 함께 보내고 싶은 바로 그 사람임을 직감했다. 베스가 "좋아요"라고 말했을 때 나는 정말로 기뻤다. 나는 렌터카를 타고 뉴욕으로 돌아왔다. 그리고 다음날 어김없이 새벽 5시 30분에 일어나 회사에 갔다.

크레이머 앤드 컴퍼니에 입사한 이후, 처음으로 장기 휴가를 얻었다. 신혼여행을 가기 위해서였다. 취소하기에는 너무 늦었다. 내 마음 한구석에서는 사무실에서 일해야 한다는 생각도 있었지만 나는 앤티가 바부다(Antigua and Barbuda: 카리브 해 동부의 독립 국가로, 카리브해 최고의 휴양지)로 떠났다. 내 인생에서 가장 행복한 시간이었어야 함에도 나는 거의 잠을 자지도 못했고 먹지도 못했다. 나는 해변에 앉아 껄렁껄렁한 소설을 읽고, 쿠바산 최고급 시가인 코히바를 연달아 피웠다. 사무실로 돌아가 짐을 다시 만나야 한다는 사실이 무척이나 부담스러웠다. 단 한 순간도 마음이 편안하지 않았다.

사무실에 출근했을 때 모든 사람들이 상투적인 인사말을 건넸다. 짐은 무뚝뚝하게 모니터 화면만 바라보았다. 그날 그는 내게 아무 말도 하지 않았다. 눈여겨보니 내 쪽으로는 눈길도 주지 않았다. 그는 주말이 가까워져서야 내게 마지못해 악수를 청하고 결혼을 축하해 주었다. 그렇게 하고 싶었던 것은 아닌 것처럼 보였지만, 어쨌든 아직까지 나를 완전히 버린 건 아닌 것 같았다.

나는 거래용 책상으로 돌아와 울려 대는 전화들을 받았다. 나는 다시 신디케이트 게임(Syndicate game : 주식을 군중에게 떠넘기기 위해 벌이는 작전이나 홍보)을 하기 시작했다. 내게 제프와 짐을 도우라는 지시가 떨어졌다. 다행히 연말이 되자 내 이름이 짐의 블랙리스트에서 서서히 지워지기 시작했다. 적어도 그는 아직 나라는 존재를 인정하고 있었다.

점차 평판을 되찾기 시작하면서 나의 내부에서도 무언가 변화가 일어나고 있었다. 오랫동안 나는 세상에 나를 알리고 싶어했다. 나는 그 꿈을 향해 한 발 한 발 다가섰다. 하지만 지금은 힘을 불러모을 수도 없고 전처럼 싸울 욕망도 없었다. 의심할 바 없이 고통을 느끼고 있었다.

부당한 대우

오직 한 사람만이 불가능을 관리했다. 크레이머 앤드 컴퍼니에서 5년을 근무하는 동안 나는 짐이 제프 베르코위츠를 제외하고 자신이 접촉하는 모든 사람을 헐뜯는 것을 보았다. 제프는 연구 담당 임원으로 주식시장에 대해 잘 알고 있었다. 더 중요한 것은 그가 짐 크레이머를 다루는 방법에 통달했다는 것이다. 이 능력 덕분에 제프는 그의 파트너가 되고 사무실 문 앞에 자신의 명패를 걸 수 있었다.

제프가 짐을 다루는 방법을 잘 안다고 해서 그의 업무 능력을 깎아 내리는 것은 절대 아니다. 그 반대다. 하지만 이 능력은 연구 담당 임원으로서 제프의 공식적인 업무보다도 중요했다.

이 작은 세계에서 일하는 주식 선택가들에게 어떤 일이 일어나고 있는지 알아보기로 하자. 매년 1월이면 새로운 애널리스트가 크레이머 앤드 컴퍼니에 들어왔다. 그리고 3월이면 해고되었다.

내가 처음 함께 일했던 애널리스트인 피터는 기술 분석 전문가임을 자칭하는 젊은이였다. 언젠가 피터가 코피가 나오자 휴지로 콧구멍을 막고 사무실을 돌아다닌 적이 있었다. 짐과 제프는 그런 모습을 별로 좋아하지 않았다. 물론 자기 책상에서 잠을 자고 휴식을 취한다고 해서 도움이 되지도 않았다. 고용되기 전에 피터는 소프트웨어에 대해 아주 잘 안다고 말했다. 하지만 나중에 우리는 그것이 비디오 게임을 자주 한다는 의미임을 알게 되었다.

그가 선정한 종목 중 하나가 판다 프로젝트(Panda Project)였다. 이 회사는 사용자들이 주변 장치들을 가감할 수 있도록 컴퓨터를 생산하는 제조업체였다. 피터는 판다를 전도 유망한 회사로 보았다. 하지만 그 회사의 주가는 계속해서 하락했다. 크레이머 앤드 컴퍼니는 2000년 중반부터 주가가 떨어질 때마다 사들였지만 도무지 오르지 않았다. 결국 피터는 큰 손실을 보고 이 주식과 함께 크레이머 앤드 컴퍼니에서 사라졌다.

다음 실수는 팀이었다. 그는 '찰리 로즈 쇼'의 연출자였다. 어느 날 짐은 이 쇼에 초대를 받았다. 팀은 짐에게 자신이 그의 열렬한 팬이라고 소개했다. 대화 도중 그는 투자에 대한 자신의 의견을 피력했다. 팀은 라틴 아메리카 시장에 큰 관심을 보였다.

다음 주, 팀은 크레이머 앤드 컴퍼니의 해외투자 담당 임원이 되었다. 처음에는 그렇지 않았지만 팀의 라틴 아메리카 포트폴리오가 폭락하자 짐은 그에게 인사조차 하지 않았다. 우리도 그가 콜롬비아의 국내총생산이나 페루의 소비자물가지수 등에 대해 이야기하는 것을 듣는 데 진절머리가 났다. 팀도 몇 개월 되지 않아 회사를 그만두었다.

외부에서 도움을 준 마지막 사람은 그레그였다. 키가 160센티미터로 작은 그레그는 마력을 높인 검은 포르셰를 몰고 다녔다. 한 연금펀드의 기술 분석 애널리스트였던 그는 여러 회의에 참석하면서 제프를 알게 되었다. 그레그는 피터나 팀보다 확실히 더 합리적이었다. 하지만 돈을 잃기 시작했을 때는 그들과 별반 차이가 없었다.

팀이 가장 크게 투자한 종목은 화상회의 장비업체인 픽처텔(PictureTel)이었다. 그 회사의 CEO를 잘 알고 있었던 팀은 그가 내부의 극비 정보를 자신에게 흘려 준다고 자랑했다. 그레그는 큰 수익을 올릴 수 있다고 확신했다. 하지만 그가 입수한 정보는 원래 제품보다 못한 신제품이 나옴으로써 좋은 결실을 보지 못했다. 그는 봄 교육 기간에 해고되었다. 내가 온 후 세 번째로 회사를 떠난 사람이었다.

이들이 크레이머 앤드 컴퍼니에 끼친 영향을 이해하기 위해서는 손익계산서만 보면 되었다. 나를 포함하여 주식을 선택하는 사람들은 모두 회사의 포트폴리오와 별도로 계산되는 포트폴리오를 관리하게 되어 있었다. 그렇게 함으로써 짐은 각 개인이 회사에 얼마나 기여했는지 정확히 평가할 수 있었다. 예를 들어 1996년에 나는 개인적으로 회사를 위해 1000만 달러의 수익을 올린 것으로 기록되어 있다.

회계 업무를 책임지고 있는 클라크와 나는 모든 직원들의 손익계산서 내용을 잘 알고 있었다. 피터는 20만 달러, 팀은 150만 달러, 그레그는 200만 달러의 손실을 보았다. 우리가 관리하는 자산이 1억 5000만 달러 정도 된다는 것을 고려할 때 가장 많은 피해액은 총자산의 약 1%를 웃도는 금액이었다. 크레이머 앤드 컴퍼니에서 하루에 1%의 손실을 보는 것은 그리 나쁜 것은 아니었다. 하지만 짐은 그들이 손실을 입힌 것 이상으로 계속해서 그들을 비난했다.

헤지펀드는 자금을 사적으로 모아 운용하는 펀드이기 때문에 파트너들은 뮤추얼펀드의 투자자들처럼 서류상으로는 수익을 확인할 수 없다. 그래서 마티 아저씨를 포함한 파트너들은 실적을 확인하기 위해 정기적으로 짐에게 전화를 했다. 짐의 거래 스타일 때문에 이 펀드는 변동 폭이 컸다. 종종 5~10%를 왔다 갔다 했다.

피터와 팀, 그리고 그레그가 떠난 후 일정 시점이 지나면 매년 경기침체가 찾아왔다. 일년 내내 호황이었더라도 한 달 정도는 언제나 실적이 나빴다. 그 때문에 실적 부진을 항상 그들의 탓으로 돌렸다.

세스 토비아스와 마리아 바르티로모와 같이, 이 세 명의 젊은 애널리스트는 크레이머 앤드 컴퍼니의 1만 명의 블랙리스트에 올랐다. 그들에 대한 짐의 분노는 시간이 갈수록 커졌다. 짐이 팀을 고용한 직후 찍은 사진이 있었다. 짐의 요청에 따라 팀은 사장 옆 한가운데 섰다. 짐은 환하게 웃으며 그를 껴안고 있다.

"그 자식 때문에 회사가 큰 손실을 보았다구. 사진에서 그놈을 없앴으면 좋겠는데."

짐은 팀이 회사를 떠난 지 얼마 되지 않아 그렇게 말했다. 그는 정말 그렇게 하고 싶어했다.

그 사진을 수정해서 되돌려받자마자 우리는 또다시 수정을 해야만 했다. 이번에 제거해야 할 사람은 불운의 신디케이트 매니저 벳시였다.

물론 나 자신도 등락이 있었다. 내가 떠나기를 짐이 원했다는 것은 의심할 여지가 없었다. 그러나 내가 수백만 달러의 수익을 올린 후 상황은 달라졌다. 회사 내에서의 역할과 아마도 마티 아저씨와의 관계 때문에 나는 그 후로도 몇 년을 더 크레이머 앤드 컴퍼니의 직원으로 남아 있을 수 있었을 것이다. 주식 선택에 관한 한 어느 누구도 계속해서 짐의 마음에 드는 사람은 없었다.

때때로 제프는 우리의 우두머리 역할을 하는 것처럼 보였다. 내가 입사했을 때 짐과 카렌은 인텔의 신규 칩 공장 방문차 아일랜드에 초대를 받아 가고 없었다. 그들이 해외에 있는 동안 우리 포지션에 문제가 발생했다. 제프는 짐이 전화를 했을 때 그의 의자에 앉아 있었다. 제프는 평균 매입가를 낮춰 포지션을 유지하고 있으며 포지션의 총 가치가 한층 낮아졌다고 보고했다. 짐은 광분했다. 짐은 몇 분 전에 전화했을 때에는 왜 그 상황을 보고하지 않았느냐고 따졌다.

짐은 사무실을 벗어난 적이 거의 없기 때문에, 멀리 떨어져 있을 때에는 믿을 수 없을 정도로 신경이 곤두서 있었다. 그는 아침 5시부터 증시가 마감된 이후까지 모니터 앞에 앉아 있곤 했다. 제프는 무언가 말을 하려고 했지만 짐의 목소리가 멀리 아일랜드로부터 울려 퍼졌다. 그는 제프를 '순 거짓말쟁이' 라고 불렀다. 제프가 그를 크게 실망시킨 것이다.

그때 나는 처음으로 제프가 눈물 흘리는 것을 보았다. 나는 우리 사무실에서 근무하는 직원 가운데 남성적인 사람이 있다고는 생각하지 않지만, 설사 그렇다 하더라도 사무실 상황을 호전시키는 데 별 도움이 되지 않았을 것이다. 짐은 누군가를 헐뜯을 때마다 항상 그 사람이 그걸 남자답게 참고 견뎌 냈는지에 대해 언급했다. 그는 용서를 구하는 한 주식중개인을 "그 구멍보다도 못한 놈아!" 라고 한 적도 있었다.

나는 한 번이라도 제프가 당하는 것을 보게 되자, 한편으로 위안이 되었다. 우리 모두 짐의 계속되는 언어 폭력의 희생양이었다. 제프는 사무실에서 오랜 시간을 보낼지라도 우리가 경험하는 것과는 달랐다. 이 드문 경우를 제외하고 짐은 그에게 거의 화를 내지 않았다.

제프는 좀처럼 자기 자신을 의심하지 않았다. 노골적인 자아도취야말로 크레이머 앤드 컴퍼니의 아주 소중한 자산이었다. 제프는 자신이 골드만삭스와 같이 일하고 컬럼비아 비즈니스 스쿨을 다녔다는 것을 결코 잊지 않았다. 그는 똑똑하고 시장 사정에 정통했다. 그를 제외한 우리 모두가 짐의 의견을 받아들였지만 제프는 자기 자신을 믿었다.

그는 항상 자신의 실적이나 자신에 대해 이야기했다. 주말에 두 번 데이트를 한다거나 처음에 여름 보너스를 받았던 일, 새로 산 BMW 등에 관한 내용이었다.

제프는 또 자신만의 손익계산서가 따로 작성되는 것을 거부했다. 그는 회사 전체가 함께 실적을 올려야 한다고 주장했다. 이와 같이 자신이 주장한 사회주의적 이념에도 불구하고 제프는 몇 차례 이런 말을 했다.

"무엇에 대한 것이건 나는 100% 책임을 지기 원치 않아."

그는 위험이 보상보다 더 크다는 것을 알고 있었다.

"우리 사장은 어느 누구도 믿지 않아. 하지만 그는 누군가가 모든 책임을 져야 한다고 생각해."

제프가 말했다.

제프는 정보를 입수하면 자신이 어떻게 생각하든 항상 바꿀 수 있는 여지를 두고 그 정보를 제시했다. 짐이 어떤 주식에 대해 부정적이면 그도 그렇게 처리했고, 짐이 긍정적이면 그도 그렇게 따랐다. 그는 자신의 업무 한계를 잘 알았고 그 한계 내에서 머물렀다. 제프는 연구 담당 임원이었다. 그의 업무에는 정보를 가지고 무엇을 할 것인가를 결정하는 것이 포함되어 있지 않았다. 그는 자신이 짐보다 이 회사들에 대해 더 잘 안다고 생각했지만 최종적으로는 짐의 결정에 따랐다.

제프는 누구든지 자신의 실적에 감명받을 사람이 옆에 있어 주기를 원했다. 그것은 나의 역할이었다. 나는 종종 그가 수익을 올리는 모습을 보곤 했다. 언젠가 그는 웨스트체스터에 구입할 주택 대금으로 100만 달러짜리 수표를 받으러 가면서 나를 체이스뱅크에 함께 데려갔다. 은행원이 100만 달러가 적힌 수표를 건네주자, 제프는 그것이 마치 전철 티켓인 양 손에 들고 거리를 활보했다. 몇 블록을 조용히 걸어 월 앤드 워터 모퉁이에 다다랐을 때였다. 그가 돌아서서 내 눈을 바라보았다.

"자네는 마이클 잭슨이 '스릴러'로 1억 달러를 버는 게 지나치다고 생각할지 몰라."

그는 내 얼굴 앞에 수표를 흔들어 보이며 말했다.

"솔직히 말해서 내 연봉은 너무 적은 편이야."

"물론 그렇죠."

나는 미소를 지으며 맞장구를 쳐줬다.

"한번 생각해 봐."

제프는 설명을 하기 시작했다.

"회사에 나오는 날이면 언제나 미친 사람과 일을 해야만 해. 내 업무 중에서 가장 어려운 부분이 사장과 일하는 거야. 그는 중요한 일들을 하는데, 바로 돈을 버는 일이지. 그렇지 않으면 곧 미쳐 버리지. 오늘만 해도 근거도 없는 소문 때문에 우린 IBM 주식을 샀어."

나는 우리 빌딩 로비를 가로질러 엘리베이터까지 그의 뒤를 따랐다. 짐은 주식시장이 개장하기 전에 영향력 있는 애널리스트가 그 주식의 적정가를 상향 조정할 것이라는 소문을 듣고, 마크에게 IBM 주식을 대량으로 매수하라고 지시했다. 그런데 우리가 포지션을 취하자마자 증시에 매물이 쏟아져 주가가 크게 하락했다. 엉터리 소문임이 분명했다. 이번에는 짐 혼자 결정한 일이었다.

제프는 계속해서 말을 이었다.

"그래서 사장이 내 사무실로 와 나와 함께 모든 증권회사의 IBM 애널리스트들에게 전화를 했지. 보통 그렇듯이 우리가 그들과 통화할 때면 거의 사장 혼자 이야기를 하지. 사장은 모건스탠리, 골드만삭스, 메릴린치 사람들에게 주가를 상향 조정해야 한다고 말했어. 사장은 IBM의 핵심 사업이 크게 호조를 보이고 있고 IBM 회장 루 거스트너와 대화를 나누기도 했다고 그들에게 전했지."

우리 사무실이 있는 층의 엘리베이터 문이 열리자, 나는 제프를 따라 복도에 들어섰다.

"우리가 마지막 애널리스트와 통화를 할 때쯤 짐은 자제력을 잃어버렸지."

그는 계속했다.

"사장은 사태를 수습하기 위해 무슨 말이라도 하려고 했어. 작년에 그의 회사에 1천만 달러 이상을 지불했다든가, 그의 두툼한 월급 봉투가 주로 우리 회사에서 간 돈으로 채워진다든가, 그의 명성을 높일 기회가 된다든가 하는 말들이었지. 그러더니 그가 용기가 없다든가, 그가 월스트리트에서 미래가 없다든가 하는 말도 서슴없이 늘어놓았지. 또 어떤 때는 '당신같이 여자 궁둥이나 좇아다니는 사람들을 내가 많이 알지' 라고 소리지르며 전화를 끊어 버리기도 했어. 내 말을 믿을 수 있겠나?"

제프는 사무실 앞에 도착하자 목소리를 낮췄다. 거래용 책상에 가까이 가니 짐이 의자를 돌려 몸을 회전시키며 말했다.

"*체칭! 체칭!* 남은 IBM 2만 주 매도하게! *체칭! 체칭!*"

"무슨 일이 있었나요?"

제프가 물었다.

"IBM 주가가 지금 막 상향 조정됐어."

짐이 대답했다.

"잘 됐군요."

제프가 미소를 지으며 말했다.

짐은 휴대용 스테레오 라디오의 플레이 버튼을 누르고 높은 소리로 쿨리오의 노래를 따라 불렀다. 그리고 제프와 나를 향해 그의 상상의 권총을 겨누고 방아쇠를 당겼다. 그는 총신에서 나오는 연기를 불어 날리는 흉내를 내더니 쿨리오의 '갱들의 파라다이스' 를 흥얼거리기 시작했다.

그들은 대부분의 삶을 갱들의 천국에서 살면서 보내죠.
우리들 대부분의 삶도 갱들의 천국에서 보낸답니다.

"내가 말한 대로 난 정말 박봉이야. 이 회사에서 실제로 일어나는 일을 사람들에게 말하면 아마 내 말을 믿지 않을 거야."

제프가 내 귀에 대고 불평을 했다.

"내가 바로 '더스트리트닷컴' 이야"

'고아주' 사건과 비즈니스 저널리스트들을 싫어하게 되었음에도 불구하고 짐은 세인의 주목을 받는 일에 열중했다. 그는 CNBC에 정기적으로 출연하면서 '굿모닝 아메리카'를 비롯한 여러 TV 쇼 프로그램에 출연했다. 그는 한동안 〈스마트 머니〉에 글을 올렸고 〈뉴욕〉, 〈더 뉴욕 옵서버(*The New York Observer*)〉, 〈타임〉 등을 위해서도 일했다. 그의 글이 언론에 보도되는 경우는 보통 그가 심중을 털어놓고 이야기하도록 요청받았을 때였다. 자신이 생각한 것을 세상 사람들에게 말할 수 있는 기회를 갖는 것이 정말 그에게는 기분 좋은 일이었다.

미국의 남성 잡지 〈GQ〉가 짐을 금융 칼럼니스트로 선정했을 때, 편집자는 잡지사가 그를 위해 유명한 소호(SoHo) 클럽에서 많은 모델들과 함께 파티를 열어 줄 예정이라고 말했다. 행사가 있던 날, 짐과 제프는 거래용 책상에 앉아 그 잡지를 보며 어떤 의류 브랜드가 좋고 나쁜지 이야기를 나누고 있었다. 짐은 행사에 그 무렵 가장 유행하는 옷을 입고 가길 원했다. 그래서 운전기사인 키엘을 불러 가게가 닫기 전에 매디슨 애비뉴와 61번가에 있는 바니스 백화점에 가자고 말했다. 그들은 도중에 짐이 자주 다니는 상점 몇 군데를 더 들르기로 했다. 제프는 네일케어 전문점에도 들러야 된다고 말했다.

클라크와 나는 포트폴리오 회계 업무를 서둘러 마무리한 후 사무실을 출발했다. 우리는 저녁 7시 30분에 파티 장소에 도착했다. 클럽에 우리가 나타났을 때, 짐과 제프는 이발을 한 모습으로 최신 제냐(Zegna : 세계 최고급 남성복 브랜드) 양복을 걸치고 바에 앉아 있었다. 나머지 직원들도 거의 같은 시각에 도착했다. 처음 두세 시간 동안은 대체로 우리끼리만 서성이며 시간을 보냈다.

10시쯤 〈GQ〉지 무리들이 도착했다. 그 중에는 이야기를 들은 대로 모델들도 있었다. 말쑥하게 차려입은 월스트리트 사람들도 보였다. 뿐만 아니라 우리를 열성적으로 지원해 주고 있는 주식중개인들도 있었다. 관능적인 의상을 입은 디자이너들도 뒤따라 들어왔다. 짐과 제프는 양쪽에 금발 미녀들을 거느리고 잡지에 실을 사진을 찍었다. 한 모델이 짐을 알아본다고 말하자, 그는 매우 기뻐했다.

"감사합니다."

"TV에서 본 적이 있습니다."

그녀가 오르되브르(식욕을 돋우기 위해 애피타이저로 내놓는 소량의 풍미 음식) 접시를 내밀며 말했다. 짐은 그 중에서 두 개를 집었다.

"그런 얘길 자주 듣죠. 길거리에서 사람들이 저를 잡고 이야기를 나누고 싶어한답니다."

"아, 그렇군요."

그녀가 맞장구를 쳤다.

"그들은 나에게 조언을 구하죠."

짐이 계속해서 말했다.

"당신은 프로 골퍼죠?"

짐은 하마터면 캐비아가 목에 걸릴 뻔했다. 제프가 재빨리 물 한 잔을 그에게 건네주었다.

짐은 사람들에게 인정받기 위한 노력을 계속했다. 그날 저녁 이후 얼마 되지 않아 그와 마티 아저씨는 TheStreeet.Com을 시작하기로 결정했다. 두 사람 모두 정보를 전달하는 새로운 매체로서 인터넷의 잠재력에 심취되어 있었다. 당시 그 생각은 확실히 기발한 것이었다. 대부분의 인터넷 회사들이 상장을 하기 전이었다. 닷컴 회사들이 부상하는 시기였다. 짐과 같은 펀드매니저와 마티 아저씨와 같은 경험 있는 편집인에게 안성맞춤인 사업이었다.

TheStreet.Com은 짐 크레이머 같은 전문가들이 증시에 관한 기사를 올리는 금융 웹사이트가 될 예정이었다. 여러 가지 분야와 주제를 다루는 비즈니스 저널리스트들이 고용될 것이다. 짐은 하루에도 몇 차례 기사를 올릴 수 있는 사람을 원했다. 정기적으로 그의 견해를 듣기 원하는 충성 팬들을 위해 더 많은 정보를 제공하길 원했다.

마티 페레츠와 짐 크레이머는 TheStreet.Com의 사업 파트너가 되기로 결정했을 때만 해도 매우 가까운 친구 사이였다. 그들은 서로 오랫동안 알고 지냈다. 마티 아저씨는 짐의 결혼식 때 그의 가장 친한 친구였고, 1백만 달러를 투자했으며, 그가 투자 자금을 모으는 데 많은 도움을 주었다. 그리고 짐은 기회를 놓치지 않고 마티 아저씨와 그의 친구들을 위해 큰 수익을 올려 주었다. 그들은 서로 이익이 되는 관계를 유지하고 있었다.

이러한 오랜 친목 관계에도 불구하고 마티 아저씨와 짐은 각자의 전문 분야에 정통했고 서로 독립적으로 일해 왔다. 나는 그들이 전화로 많은 대화를 나누는 것을 들었기 때문에 그들이 정기적으로 의사소통한다는 것을 알고 있었다. 하지만 지금까지 동업을 한 적은 없었다.

짐은 파트너들에게 전과는 딴판으로 대했다. 특히 마티 아저씨에게 그랬다. 그는 과거에는 전화를 해 그들의 자녀들의 건강을 묻고, 심지어 날씨에 대해서 이야기하곤 했다. 하지만 세월이 흘러 개인적인 부를 축적하고 명성을 얻게 되자, 그전과는 다른 사람이 되었다. 그는 투자자로

부터 수백만 달러를 끌어들일 때는 매우 친근하게 대했지만, 그들과 계속해서 대화를 해야 하는 일에 곧 싫증을 느꼈다.

그들의 우정이 마티 아저씨가 생각하는 것만큼 진지하지 않다는 다른 증거도 있었다. 마티 아저씨가 나를 고용하라고 했을 때 짐이 불쾌하게 생각한 게 바로 그것이다. 클라크는 짐이 절대로 나를 고용하지 않을 것이라고 말했다고 했다. 짐이 "난 마티의 꼭두각시가 아니야" 라고 했다는 것이다. 마티 아저씨가 짐이 진실하지 못하다는 것을 알게 된 것은 TheStreet.Com이 해결하기 어려운 일에 봉착했을 때였다.

두 사람 간의 갈등은 아주 사소한 일이 발단이 되었다. 짐은 늘 바빠서 그를 만나기란 거의 불가능했다. 매일 아침 마티 아저씨는 보통 가장 바쁜 시간 중 하나인 오전 8시에 전화를 했다. 우리 중 누군가가 마티 아저씨에게서 전화가 왔다고 말하면 짐은 아저씨가 전화를 건 시간에 대해 불평을 하다가 수화기를 들고 기쁜 듯 인사를 나눴다. 하지만 통화가 끝나자마자 불만을 표출했다.

"제기랄, 마티는 자기가 원할 때마다 전화를 할 수 있다고 생각하나 봐."

그는 사무실에 있는 사람들 모두 들으라는 듯 큰 소리로 말했다.

"내가 딴 일은 안 해도 되는 사람으로 생각하고 있어."

이런 가운데 마티 아저씨와 짐의 온라인 잡지 사업은 틀을 갖추고 추가 투자를 유치하는 단계에 이르렀다. 5~6명의 직원이 새로 고용되어 월스트리트 100번지 크레이머 앤드 컴퍼니 사무실 뒤편에서 일을 하기 시작했다. 마티 아저씨와 짐 모두 이 프로젝트에 많은 시간을 쏟아 부었다. 하지만 짐은 TheStreet.Com과 관련하여 지속적으로 여러 가지 문제들을 처리해야 할 필요성을 느꼈다. 그의 헤지펀드를 운용하는 것과 동일한 방식이었다. 그는 항상 무언가를 하면서 미친 듯이 바쁘게 보냈다.

물론 자신이 선택해서 쉬지 않고 일을 한 것이었지만, 짐은 곧 자신이 마티 아저씨보다도 일을 더 많이 한다는 사실에 분개했다. 회사가 창립된 지 몇 개월 되지 않아 짐은 자주 불평을 늘어놓았다.

"내가 모든 걸 다 해야 되다니."

TheStreet.Com 사무실이 렉터 가로 이사한 후 그는 직원들을 만나기 위해 장이 마감하면 거의 매일 그곳에 갔다. 짐은 실무 담당 매니저가 필요하다고 생각했다. 한편 마티 아저씨는 케임브리지에서 일주일에 한 번씩 왔다. 짐은 두 곳에서 전일 근무를 해야겠다고 생각했다.

돈 문제도 가끔 말썽을 부렸다. 짐은 이 프로젝트에 더 많은 돈을 투자하길 원했다. 하지만 마티 아저씨는 그렇지 않았다. 짐은 신생 기업에 자금을 지원하는 데 매우 공격적이었던 반면, 마티 아저씨는 보수적이었다. 마티 아저씨가 돈이 어디에서, 왜, 어떻게 사용되는지 알 필요가 있다고 짐은 생각했다.

"그는 정말 몰라. 마티는 무에서 유를 창조하려고 해."

짐은 우리를 보며 불평했다.

나는 어느 것도 받아들이기 쉽지 않았다. 마티 아저씨는 항상 내게 아버지와 같은 존재였다. 짐이 그를 비난하는 게 역겨웠다. 그리고 이러한 그의 행동을 묵과하는 게 어떤 면에서 마티 아저씨를 배반하는 것처럼 느껴졌다. 하지만 지금까지 모든 것을 받아들였던 것처럼 오래지 않아 그의 행동을 받아들이게 되었다. 그것은 크레이머 앤드 컴퍼니에서 살아남기 위해서 받아들여야 할 여러 가지 중 하나에 지나지 않았다.

짐은 마티 아저씨와 직접 만나게 되면 냉정을 유지했다. 마티 아저씨는 내게 회삿일이 잘 돼가느냐고 물었다. 나는 항상 "잘 돼갑니다" 라고 대답했다. 나는 짐이 남의 아이들을 위협하고, 주식중개인들에게 욕을 하고, 부적당한 시간에 점심식사로 무엇을 주문하겠냐고 물어 보았다고 비서에게 연필을 던졌다는 것을 결코 말하지 않았다. 잘 되고 있다고 말하는 게 훨씬 쉬웠다. 짐과 나 사이에는 확실히 무언의 약속이 있는 듯했다.

마티 아저씨는 짐이 얼마나 비열한지 알지 못했다. 내가 크레이머 앤드 컴퍼니에 처음 취직하려고 할 때 마티 아저씨는 짐을 조금 감정적인 성격의 소유자라고 표현했지만 매우 똑똑한 사람이라고 강조했다. 언젠가 마티 아저씨는 아들 보와 딸 제시에게 짐을 어떻게 생각하느냐고 물었다. 그들이 그를 여러 번 만난 적이 있기 때문이었다.

"약간 미쳤다고 할까요."

둘은 거의 동시에 같은 대답을 했다.

마티 아저씨는 웃으며 짐이 실제로 그렇게 무분별한 사람은 아니라고 말했다. 아저씨는 TheStreet.Com 상황이 제어할 수 없을 정도로 악화될 때까지는 짐에 대해 부정적으로 이야기하는 것을 믿지 않았다. 그래서 두 사람이 다르다는 게 분명해졌을 때에는 이미 서로간의 갈등이 해결할 수 없는 심각한 지경에 이르러 있었다.

짐은 이 문제를 해결하기 위해 크레이머 앤드 컴퍼니에서 그가 써온 전술에 의존하기로 결정했다. 그는 일이 잘 안 풀릴 때면 고함을 치고 소리를 지르며 상대의 직업을 위협했다. 이 수법은 금융업계에서 먹혀들었다. 그가 주식중개인이나 투자자들에게 수백만 달러를 벌어다 주기 때문이었다.

하지만 잡지 세계에서는 단지 불화만을 초래했다. TheStreet.Com 직원들은 대부분 짐의 행동을 참을 수 없어 했다. 많은 직원들이 짐에 대해 마티 아저씨에게 불평을 했다. 그는 짐의 행동에 놀라움을 금치 못하면서 어떤 조치를 취해야 하는지 확신이 서지 않았다.

결국 짐이 TheStreet.Com 직원에게 마티 아저씨에 대해 불평하는 이메일을 여러 차례 보내는 사건이 발생했다. 이메일에서 그는 내가 다 알고 있는 내용으로 자신이 얼마나 더 일을 많이 하고 추가로 얼마나 더 많은 돈을 투자했는지 설명했다. 그리고 자신이 무엇을 하는지 마티 아저씨가 전혀 알지 못한다고 주장했다.

마침내 짐은 자신의 절친한 친구와 사이가 틀어졌다. 짐의 이메일을 받은 직원이 프린트해서 마티 아저씨에게 보여주었던 것이다. 이로 인해 짐과 마티 아저씨는 매주 열리는 비즈니스 미팅 때를 제외하고는 서로 이야기조차 하지 않게 되었다.

이 시기에 나는 가능한 한 거래용 책상에 있는 내 모니터 뒤에 몸을 숨기고 지냈다. 모든 일이 역겨웠다.

1998년 가을, 사태가 극도로 악화되었을 때 마티 아저씨는 투자 자금을 모두 회수하고, 친구들에게도 그렇게 하라고 권했다. 마티 아저씨를 통해 알게 된 몇 명의 파트너들이 내게 전화를 해 물었다.

"짐이 제정신이 아닌가요?"

나는 내 자신이 미쳤기 때문에 다른 사람의 정신 상태를 평가할 수 있는 입장에 있지 않다고 대답했다.

회사 상황이 좋지 않았듯이, 당시 미국 증시와 국제 증시도 한동안 바닥을 기었다. 전 세계적으로 장기적인 증시 폭락이 뒤따랐다. 크레이머 앤드 컴퍼니도 큰 어려움에 직면하게 되었다. 마티 아저씨와 함께 이탈하지 않은 파트너들은 짐의 능력에 의문을 제기하기 시작했다. 사람들은 그가 TheStreet.Com에 많은 시간과 노력을 기울이고 있다는 것을 알고 있었다. 그런 만큼 그가 이제 능력의 한계에 도달하지 않았나 우려하기 시작했다.

누구라도 헤지펀드에서 돈을 벌 때는 아무 말 하지 않는다. 짐은 우려를 표명하는 투자자들의 전화를 계속 받아야 했다. 그들은 짐 말고는 어느 누구와도 대화하려 하지 않았다.

짐과 마티 아저씨의 개인적인 원한 관계가 많은 사람들에게 알려지게 되었을 뿐만 아니라, 그들의 문제가 여러 잡지에 실리기까지 했다. 아버지의 친구는 〈포브스(Forbes)〉에 이들에 대해 이야기해 주라고 했다. 〈월스트리트저널〉 기자가 우리 집에 전화를 했다. 짐에 대해 부정적인 기사들이 실렸다. 그는 이 모든 것을 마티 아저씨가 이야기했다고 생각할 것이다.

"그런 저질스러운 목적에 자신의 영향력을 행사하다니 정나미가 떨어지는군!"

짐이 말했다.

그는 자신의 모니터 뒤에서 거래 내용을 살펴보면서 좀처럼 의자에서 일어나지 않았다. 그의 눈을 보니 그가 일찍이 과거에 겪어 보지 못한 큰 고통을 겪고 있는 것 같았다.

짐에 대해 이야기할 게 하나 있다면 그것은 그 무엇도 그를 낙담시키지 못한다는 것이다. 그는 방송국이 초대하는 한 계속해서 TV에 출연할 것이며, 요청이 있는 한 계속해서 잡지에 글을 쓸 것이며, TheStreet.Com 사업을 그만두지 않을 것이다.

"TheStreet.Com은 내가 없으면 아무 일도 안 돼!"

짐이 단호히 말했다.

"내가 바로 TheStreet.Com이야!"

매일 아침 사무실 문을 통해 걸어갈 때마다 그는 경멸의 눈초리로 나를 바라보았다.

내 잘못이란 말인가? 내가 마티 아저씨와 관련이 있기 때문이었다. 마티 아저씨의 친구들도 투자 자금을 모두 회수했다.

하지만 크레이머 앤드 컴퍼니는 그들 없이도 살아남을 것이다.

항우울제와 신경안정제

"니키, 넌 부자가 될 거야."

마티 아저씨는 내 등을 두드리며 확신에 차서 말했다. 1993년 12월, 우리가 크레이머 앤드 컴퍼니에 대해 처음으로 의견을 나눈 뒤였다.

나는 많은 경험을 하게 될 것이라는 기대 말고도 하나의 환상에 젖어 있었다. 월스트리트에서 내가 부자가 될 것이라는 환상이었다.

회사에서 2년을 보낸 후인 1996년 1월, 짐은 보너스 회의를 하기 위해 나를 불렀다. 그는 내가 회사의 중요한 일원임을 강조한 후 10만 달러의 보너스를 지급하고 기본급을 5만 달러로 올려 주었다. 비교문학 학사 학위를 받고 사회생활 2년차에 불과한 내가 부모님 두 분이 버는 것만큼의 돈을 집에 가져왔다.

어떤 식으로든 내 물질적인 생활은 풍요로워졌다. 나는 5번 대로와 80번가에 있는 침실이 하나 있는 아파트에서 39번가의 스튜디오로 이사를 했다. 소방차와 쿠바 시위대 대신 지금은 나무를 바라볼 수 있게 되었다. 나는 일요일 아침에 일어나 메트로폴리탄 미술관 앞을 걷거나 센트럴 파크 저수지 주위에서 조깅을 했다. 그러고 나서 매디슨 대로에 있는 E.A.T.에서 아침식사로 5달러짜리 오렌지주스 한 잔과 8달러짜리 포테이토 팬케이크를 먹곤 했다.

하지만 정신적 만족감은 물질적 풍요로움을 따라오지 못했다. 월스트리트 생활 첫 해에는 지금보다 훨씬 적은 보너스로도 크나큰 행복감을 느꼈다. 이제 나는 월스트리트의 전문가였다. 난 〈월스트리트저널〉에서 연봉이 7자리 숫자인 사람들에 대해 읽곤 했다.

돈에 대한 욕망이란 끝이 없는 법이다. 크레이머 앤드 컴퍼니는 1995년 60%의 수익을 올렸다. 짐은 실적 수당을 포함하여 개인적으로 2000만 달러 이상을 벌었다.

그해 1월 짐은 높은 실적을 기념하기 위해 월스트리트 사람들을 초청하여 파티를 열었다. 우리를 도와준 주식중개인들에게 감사를 표하기 위한 자리였다. 한동안 그들은 적이었다. 하지만 짐은 8자리 숫자의 돈이 자신의 계좌에 입금되자 그들을 친구로 대했다.

우리는 약 500명을 애틀랜틱시티를 방문하는 무료 여행에 초대했다.

우리를 도와준 주식중개인과 그들의 가족, 부하 직원, 그리고 우리의 사무 업무를 도와준 사람들까지도 그 여행에 초대했다. 우리는 버스를 임대해서 맨해튼의 여러 장소에서 그들을 태웠다. 점심과 술을 대접하고 〈월스트리트〉라는 영화도 보여주었다. 짐은 〈월스트리트〉에서 주연을 한 찰리 쉰이 자신의 삶과 비슷하다고 그 영화를 볼 것을 고집했다.

짐이 빠르게 지적했다.

"감옥에 가는 장면이 아니고, 찰리 쉰이 마이클 더글러스를 만날 수 있도록 비서에게 꽃을 가져다 주는 장면 말이야. 내가 큰손을 끌어들이는 방식과 비슷했어. 이 시나리오 작가가 내 인생을 송두리째 모방하여 영화로 만들다니…… 대단하군!"

애틀랜틱시티에서 한번은 모두 쇼보트 카지노 호텔에 투숙했다. 방에는 크레이머 앤드 컴퍼니 셔츠와 야구 모자를 비롯해 무료 마사지 · 네일케어 · 볼링 티켓 등이 있었다. 운 좋은 사람은 방에서 가슴 쪽에 크레이머 앤드 컴퍼니 로고가 새겨진 스웨이드 가죽 재킷도 발견할 수 있었다.

카지노에서 도박을 하며 시간을 보낸 후, 우리 모두 대규모 연회장으로 갔다. 그곳에는 5000명 이상이 먹을 수 있는 새우 · 굴 · 게 · 캐비아 등이 준비돼 있었고, 대형 달러 사인이 새겨진 얼음 조각물이 전시되어 있었다. 그것도 부족하다는 듯 저녁식사에는 프라임 립, 북경 오리, 양고기, 가재 등 다양한 요리들이 나왔다. 각각의 요리들은 별도의 코너에서 별도의 요리사가 준비했다. 그리고 12인으로 구성된 밴드가 연주를 했다. 각자의 자리에는 크레이머 앤드 컴퍼니 로고가 새겨진 우산과 스퀴즈 볼, 심지어 짐의 얼굴이 프린트된 마우스 패드도 있었다. 없는 게 딱 하나 있었는데, 다름아닌 우리 모두 얼굴에 써야 할 짐 크레이머 가면이었다.

그 행사는 짐이 자신이 어떻게 성공했는지 연설을 하면서 절정에 달했다. 앞서 말했듯이 그는 전년도에 큰 수익을 올렸었다. 그는 그곳에 참석한 자신의 아버지와 아내 카렌, 제프, 그리고 우리 모두에게 감사의 인사를 했다. 그리고 눈물을 흘리며 참석한 모든 주식중개인들에게 그들이 없었다면 이 모든 일이 불가능했을 것이라고 말했다.

대규모 연회장 중간에 앉아 미소를 짓고 여러 사람들과 함께 박수를 치고 칭찬을 하면서 왠지 집으로 돌아가고 싶다는 생각이 들었다. 사람들이 춤을 추기 시작하자, 나는 뒷문으로 향했다. 짐이 감사를 표시했던 주식중개인들에게 둘러싸여 있을 즈음, 나는 내 침대로 돌아와 있었다. 다음날 아침, 나는 짐에게 행사의 주요 내용들을 다시 들을 수 있었다.

그 해에도 큰 수익을 올린 짐은 이듬해에 또다시 동일한 행사를 치렀다. 애틀랜틱시티에서의 도박, 참석자들을 위한 푸짐한 음식, 더 많아진 크레이머 앤드 컴퍼니 기념품 등이 제공되었다. 다른 게 있다면 과거의 주식중개인들은 사라지고 새로운 주식중개인들로 행사가 채워졌다는 것이다.

1997년 초 어느 월요일 아침, 언제나처럼 6시 조금 넘어 사무실에 들어섰을 때였다. 짐이 블룸버그 고객 서비스용 단말기를 손보고 있는 게 보였다. 짐이 '개떡' 같다고 불만을 토로했다. 서비스가 10분간이나 다운되었던 것이다. 그는 내게 수화기를 넘기며 알아서 처리하라고 지시했다.

나는 짐이 바라는 것처럼 상대편에게 무조건 공격을 가하려고 했다. 수화기 속에서는 한 여자가 눈물을 흘리며 자신은 더 이상 어떻게 할 수 없다고 말하고 있었다. 짐은 그의 블룸버그에 헤드라인이 뜨지 않자 광분하여 모니터 앞에서 서성거렸다. 그의 머리카락은 곤두서 있었고 입술은 무슨 말인가를 하는 듯 끊임없이 움직거렸다. 그러나 나는 그가 무슨 말을 하는지 전혀 알아들을 수가 없었다. 나는 그녀에게 감사하다고 말하고 수리 상황을 계속 알려 달라고 부탁했다. 그 말을 끝내자마자, 짐이 나를 못 믿겠다는 듯 노려보며 말했다.

"당신 누구 편이야?"

그 무렵 내가 느낀 것은 육체적으로나 정신적으로나 내가 지칠 대로 지쳐 있다는 것이었다. 크레이머 앤드 컴퍼니에서의 생활은 하루하루가 시련의 연속이었다.

1월부터 12월 말까지 계속되는 짐의 '전쟁'은 해가 갈수록 격화되었다. 나는 종종 그가 많은 돈을 벌었고 해가 갈수록 수익이 증대되기 때문에 조만간 사업을 그만두고 자신이 성취한 부와 성공을 즐기며 살 것이라는 상상을 했다. 하지만 그런 일은 결코 일어나지 않았다. 그는 더욱더 폭군처럼 일했다. 1년 동안 그가 조금이라도 호의적인 때는 보너스 회의가 열릴 때뿐이었다.

이때까지 회사 내에서는 짐과 제프가 한 팀 그리고 나머지 직원들이 한 팀인 것처럼 업무를 해왔다. 아이러니컬하게도 이러한 관행은 우리에게 언젠가 단체 정신을 고취시키던 짐이 만들어낸 것이었다.

이런 환경 속에서도 나를 이 조직에 붙잡아 두는 것은 월스트리트에 대해 배우고 이 세계에서 성공하겠다는 내 욕망이었다.

마크는 남을 즐겁게 해주는 일을 그만두었고, 클라크는 남의 눈치를 보며 생활하는 것을 터득했으며, 샐은 가능하면 말을 삼갔다. 우리 모두 정말이지 회삿일에 권태를 느끼고 있었다.

당시 내가 관심 있었던 유일한 것은 오직 돈이었다. 회사 생활 3년 만에 나는 약 25만 달러를 모았다. 주변 사람들에게 이 이야기를 하면 모두 놀라움을 금치 못했다. 골드만삭스나 모건스탠리에서 일하는 와튼이나 하버드 경영대학 MBA 출신들이 3년 동안 벌 수 있는 금액과 비슷했던 것이다.

새해가 되었지만 무언가 마음 한구석이 허전했다. 돈만으로는 만족할 수가 없었다. 나는 무엇을 추구해야 하는가?

일주일이 지났을 때였다. 여러 가지 일들이 한꺼번에 잘못되었다. 우리들 중 누가 한 명이 잘못을 해도 노발대발하는 짐이었다. 그런데 이번에 우리 모두 한꺼번에 실수를 저질렀던 것이다. 마크는 인텔 5000주를 매수하면서 주당 0.125달러를 초과 지불했다. 샐은 IBM 콜옵션 1000 계약의 평균 단가 계산을 정확히 하지 못했다. 클라크는 거래용 전화기가 네 번이나 울리게 했고, 나는 신규 공모주 매수에 참여하지 못했다. 짐은 모니터 뒤에 서서 자기 머리카락을 움켜쥐었다. 얼굴은 새빨개지고 이마에는 땀이 흘러내렸다. 그는 매서운 눈초리로 우리를 노려보았다.

"자네들은 능력 이상의 봉급을 받고 있어!"

그는 모욕적인 발언을 한 후 돌아서서 제프의 사무실로 들어갔다.

1998년 1월 보너스 회의를 마치고 나올 때, 나는 실망감에 사로잡혔다. 보너스 때문만이 아니었다. 파크 대로를 가로질러, 내가 매년 5000달러를 지불하는 헬스클럽을 지나 센트럴파크와 내가 살고 있는 **어퍼이스트 사이드 아파트**를 향해 걸어가면서 세상이 정말 캄캄해져 왔다.

나는 이러한 감정에 대해 사무실 매니저인 패트리시아와 오랜 시간 대화를 나눴다. 그녀는 내 말을 주의 깊게 들었다. 그녀는 종이를 꺼내더니 인간의 두뇌를 그리고는 여러 부분으로 나누었다. 그리고 두뇌 내부에서 움직이는 무언가를 그렸다. 패트리시아는 그것을 '세로토닌'이라 불렀다. 그리고는 세로토닌이 두뇌에서 나와 여러 방향으로 돌아다니는 것을 보여주면서 "세로토닌 재흡수 억제제가 세로토닌을 인체 내부에 보존해 주죠"라고 말했다. 나는 그녀의 설명을 이해할 수는 없었지만 그녀가 그 약을 한동안 복용했다고 하기

어퍼이스트 사이드 아파트 단지

에 그것이 몸에 좋은 약처럼 생각되었다. 패트리시아는 그 약을 먹고 나서 몸이 한결 좋아졌다고 덧붙였다.

우리 모두 짐이 거래용 책상에서 전화로 정신과 의사와 자주 통화했기 때문에 정신병과 관련된 약을 복용하고 있다고 믿었다. 모든 직원이 그의 대화를 들을 수 있었다. 우리 모르게 약을 복용하는 데는 별 문제가 없었을 것이다. 나중에 패트리시아 말고도 항우울제를 복용하는 직원이 여럿 있다는 것을 알게 되었다.

그 주말에 나는 정신과 의사를 만나 두 시간 동안 치료를 받았다. 난 이야기를 하고 의사는 자기 자리에 앉아 내 말을 듣기만 했다. 내가 정말 바보같이 느껴졌다. 나는 진찰비로 500달러를 지불했고, 의사는 세 가지 항우울제와 신경안정제를 처방해 주었다. 머지않아 나는 동료들과 신경안정제를 나눠 먹는 사이가 되었다.

지클론 B

크레이머 앤드 컴퍼니에서의 생활이 끝날 무렵, 우리 회사가 증권거래위원회의 조사를 받게 되었다. 우리는 큰 혼란에 빠졌다. '고아주'에 대한 기사로 조사를 받게 된 이후, 짐이 그렇게 화내는 것을 본 적이 없었다. 그는 아무도 신뢰하지 않았다. 회사에서 일어나는 일에 우리 모두 책임을 져야 했다. 다시 한 번 그는 우리를 녹초로 만들었다.

문제가 된 거래는 대규모의 풋옵션(put option : 거래 당사자들이 미리 정한 가격으로 장래의 특정 시점 또는 그 전에 일정한 자산을 팔 수 있는 권리를 매매하는 계약)을 사들인 것이었다. 풋옵션은 콜옵션과 같은 스톡옵션이다. 보통 주가가 오를 것이라고 생각하면 콜옵션을 사용하고, 주가가 하락할 것이라고 생각하면 풋옵션을 사용한다. 그들은 정해진 가격에 주식을 팔 수 있는 권리를 부여한다. 장래의 특정 시점 또는 그 이전에 주가가 그 가격 아래로 떨어지면 매입자는 돈을 번다.

이번 경우 우리의 타이밍은 너무나 완벽했다. 우리가 매입한 옵션의 주가가 떨어져 높은 수익을 가져다 준 것이다. 거래를 하기 위해서는 두 당사자가 반드시 있어야 하는데, 이 거래의 다른 당사자는 우리에게 풋옵션을 매도한 사람이었다. 증권거래위원회에 소송을 제기한 매도자는 우리가 내부자 거래에 관한 증권거래법을 위반했다고 주장했다.

풋옵션과 콜옵션은 소액의 자본으로도 큰돈을 벌 수가 있다. 이 때문에 옵션 거래는 어느 정도 내부자 정보에 접근이 가능한 소액 투자자들이 선호하는 투자 방법이다. 그들은 그렇지 않으면 매우 위험한 투기가 될 수 있는 이 투자 방법에 저축액 전부를 털어넣는다.

이에 대해 잘 알고 있는 증권거래위원회는 이를 주시하며 우리에게 풋옵션을 매도한 자와 같은 매도자들이 소송을 제기할 때까지 기다린다. 그들은 대량의 손실을 꼭 조사한다. 그러고 나서 옵션 구매의 원거래자까지 추적한다.

"그래 카렌, 그놈의 닭을 몇 마리 사가지고 가면 되지?"

어느 날 짐이 전화를 받으며 퉁명스럽게 말했다. 수화기에 대고 소리를 지르며 그는 우리 모두의 얼굴을 둘러보았다. 짐이 증권거래위원회의 조사에 신경이 곤두서 있기 때문에 우리도 덩달아 신경이 예민해져 있었다. 카렌은 항상 짐에게 사소한 집안일을 시켰다. 그 때문에 그는 화가 나 있었다.

"수억 달러를 가진 나에게 화장실 청소나 시키다니!"

몇 주 후 짐은 증권거래위원회로부터 더 이상 조사를 하지 않겠다는 통지를 받았다. 그는 전화를 끊고 나서 공중에 팔을 휘두르며 환호했다. 우리는 그가 우리에게 그 이야기를 하기 전에 알았다. 모두 다시 한 번 아마겟돈을 피했다고 안도의 한숨을 내쉬었다. 짐은 기쁨에 겨워 거래용 책상 주위를 맴돌았다. 제프는 한쪽에 서 있다가 그가 한 바퀴 돌고 가까이 오자 두 팔을 활짝 벌려 껴안았다.

"정말 웃기는 친구들이야!"

짐이 말했다. 우리 모두 크게 웃으며 박수를 쳤다.

"내 세상이야!"

짐이 자랑스럽게 덧붙였다.

옆에 서서 이 모든 광경을 지켜보면서 내가 깨달은 것은 짐 크레이머와는 논쟁을 하는 게 불가능하다는 것이었다. 여기는 그의 세계였다. 짐은 이 우주의 지배자였다.

나는 이 축하연에 참석할 수가 없었다. 다른 사람들과 함께 웃고 떠들고는 있지만 속으로는 다른 결과를 바라고 있었기 때문이다.

그때 갑자기 이곳이 짐의 세계라는 생각이 떠올랐다. 더 이상 내 세계가 아니었다. 나는 이미 그의 적이 되어 있었다.

그 후 머지않아 크레이머 앤드 컴퍼니는 서서히 사양길로 접어들었다. 짐이 말했듯이 '무자비한 포격'의 시절이었다. 1998년 상반기가 끝날 무렵 회사의 수익률은 주요 주가지수보다 못한 9%를 기록했다. 그리고 증시가 횡보를 하던 7월에는 4% 손실로 수익률이 5%로 줄어들었다. 더위가 기승을 부리던 8월에는 매일 손실을 기록해 그 달 한 달만 해도 21%의 손실률을 기록했다. 짐 크레이머가 거래를 시작한 이래 최악의 실적이었다. 그 해를 마감할 때는 16%의 손실률을 기록했다. 회사 설립 이후 짐은 한 해도 손실을 본 적이 없었다. 이제 그는 제정신이 아니었다. 모든 게 엉망이었다.

일반 투자자들은 손실을 보면 한동안 투자를 중지하는 경향이 있다. 한방 얻어맞으면 정신을 못 차려 올바른 투자 결정을 내릴 수 없기 때문이다. 나는 많은 거래자들과 대화를 나누었다. 그들 모두 손실을 보면 물러나서 한동안 관망해야 한다고 말했다. 그리고 다시 시작할 때는 작게 시작하라는 것이 전문가들의 조언이었다. 다시 리듬을 타고 서서히 수익을 올리면 그때 크게 시작해도 된다는 말이었다. 머리가 정리되지 않은 상태에서 투자를 지속하면 더 큰 문제를 야기할 수 있다는 것이다.

하지만 짐은 완전히 반대로 생각했다. 일이 잘못되면 더 악착같이 싸웠다. 그는 일이 잘 될 때까지 계속 시도했다. 그는 그렇게 해서 신뢰를 쌓았다. 적어도 과거에는 그랬다. 하지만 이제 짐은 거래를 해도 로또 복권에 당첨되는 것만큼이나 승률이 없었다.

그 무렵은 마티 아저씨가 모든 투자 자금을 빼낸 후였다. 다른 파트너들은 우려를 나타내며 전화를 걸어 언제 그들의 투자 자금을 회수해야 하는지 묻곤 했다. 짐은 그의 직업 인생이 한순간에 자신의 눈앞에서 사라지려 한다는 것을 감지했다. 그는 앞이 캄캄했다.

짐은 여러 번 소파에서 밤을 지새웠다. 전날과 같은 옷을 입고 있었고 수염이 얼굴을 뒤덮곤 했다. 게다가 눈 아래에 처진 살 때문에 누군가에게 얻어맞은 것처럼 보였다. 그는 음식도 별로 먹지 않고 커피만 계속 마셨다. 그러는 와중에도 내가 전에 보았던 것보다 더 많은 거래를 했다. 클라크와 나는 가격을 입력하면서 밤 9시까지 사무실에 남아 있었다.

선선한 바람이 부는 9월이 다가오자, 손실 폭이 많이 줄어들었다. 하지만 흑자로 돌아설 기미는 아직 보이지 않았다.

어느 금요일, 우리는 손익계산을 해본 결과 그해 손실이 20%에 이른다는 것을 알게 되었다. 그는 큰 벽돌로 한 대 얻어맞은 것처럼 보였다. 짐은 이미 제정신이 아니었다. 하지만 이 손실로 인해 상태가 더 악화되는 것 같았다. 보유하고 있던 모든 포지션이 손실을 보았다. 완전 참패였다. 그는 거래를 할 때마다 마크와 나를 향해 절규했다. 나는 마침 샐이 그날 회사에 나오지 않았기 때문에 옵션을 거래하며 짐 옆에 앉아 있었다. 그날 나는 스무 번 이상 주문을 냈다.

짐 크레이머가 옵션을 거래한 방법으로 옵션을 거래하기는 쉽지 않았다. 주식을 거래할 때, 짐은 "IBM 1만 주 매수" 또는 "WDC 1만 주 매도"

라고 말했다. 이러한 주문이 계속해서 들어오면 처리하기가 쉽지 않다. 하지만 옵션 주문의 예를 보자. "IBM 콜옵션 3월물 0.5에 250 계약 매입" 또는 "WDC 풋옵션 4월물 2.75에 500 계약 매수"라고 하면 매매 물건뿐만 아니라 행사 가격과 만기일을 알 수 있다.

그날 나는 각기 다른 주식중개인을 통하여 여러 가격에 많은 수량을 사고팔았다. 나는 계약 체결 결과를 입수한 즉시 또 다른 주문을 냈다. 주문 사이에 짐이 '지클론(Zycoln) B'에 대해 무언가를 외쳐 댔다.

"지클론 B! 지클론 B! 지클론 B!"

그는 눈을 부릅뜨고 고함을 쳤다. 나는 한순간 지클론 B가 주식이라고 생각했다. 하지만 짐은 수량을 말하지 않았다. 몇 주일 후에야, 나는 지클론 B가 2차 세계대전 때 유태인들을 죽이기 위해 사용된 독가스라는 것을 알았다. 나는 그가 왜 이 독가스 이름을 계속 외쳐 댔는지 모른다. 아마도 유태인인 짐이 그날을 자신의 대학살의 날로 여겼을지도 모른다.

지클론 B _ 2차 세계대전 때 나치 독일이 홀로코스트를 목적으로 사용했던 독가스. 이 가스를 이용해 수백만 명의 유대인을 아우슈비츠 등에서 살해했다. 독일 경제 부흥의 주축이었던 화벤 사에서 발명했다.

"사장님, 인텔 풋옵션 계약 수량이 500입니까, 1000입니까?"

나는 그의 관심을 끌기 위해 물었다.

내가 수량을 다시 말해 달라고 묻자, 짐은 돌아서서 나를 노려보더니 자기 옆에 있는 블룸버그 모니터를 머리 위로 들어올려서는 나를 향해 던졌다. 나는 가까스로 피할 수 있었지만 모니터는 박살이 나 화면의 파편들이 내 발 주위에 이리저리 나뒹굴었다.

"나쁜 자식!"

짐은 팔을 휘두르며 소리쳤다. 그러고는 펄쩍 뛰더니, 자기 앞에 있는 책상을 두 손으로 내리쳤다. 그리고 또 다른 모니터를 들어올려 거래용 책상 가운데로 내던졌다. 그것도 분이 안 풀리는지 자기 뒤에 있는 예비용 모니터들이 있는 곳으로 몸을 돌려 있는 힘껏 발로 걷어찼다. 쌓아 놓은 박스들이 무너지면서 부품들이 부서지는 소리가 들렸다. 책상 주위에 앉아 있던 사람들은 모두 일어서서 짐을 바라보았다. 그는 주먹을 쥐고 증오로 가득 찬 눈으로 나를 노려보았다.

"난 선수야!"

내 눈을 똑바로 쳐다보며 짐이 크게 말했다.

"내가 루 거스트너 회장에게 이야길 했지. 난 큰돈을 벌었다구!!"

짐의 눈은 평상시보다 훨씬 더 커보였고, 그의 몸이 피부를 벗고 마치 뛰쳐나올 것만 같았다.

짐은 모니터 쪽으로 몸을 기울이더니 내 목을 조르려고 하는 것처럼 나를 향해 두 손을 뻗었다.

나는 몇 발짝 뒤로 물러서며 말했다.

"알고 있습니다, 사장님."

마크가 짐을 진정시키려고 애쓰며 말했다.

"우린 옛날로 돌아갈 수 있습니다."

마크는 위기의 근원을 알았다. 이것은 크레이머 앤드 컴퍼니가 아직까지 경험한 것 중 최악의 상황이었다. 우리는 생각할 수도 없는 상황에 직면하고 있었다. 너무 가혹해서 헤지펀드에게는 죽음을 의미했다.

짐은 손을 엉덩이에 대고 숨을 깊이 들이마셨다. 사무실이 조용해졌다. 내팽개쳐진 모니터에서 연기가 피어올랐다. 제프는 조용히 일어섰고, 클라크는 말 한마디 하지 않았다. 마크는 이마에서 흐르는 땀을 닦았다. 짐이 나를 향해 몸을 돌리고는 단호하게 말했다.

"이 책상에서 당장 꺼져."

나는 돌아서서 사무실 문을 향해 걸어나갔다.

에필로그

1987년부터 2000년까지 짐 크레이머가 헤지펀드의 지배적 지위에 있는 동안 그는 매년 평균 31%의 수익을 올렸다. 그가 관리 수수료와 많은 성과급 보너스를 챙긴 후에도 투자자에게 돌아가는 수익률이 24%에 달했다. 그 기간에 스탠더드 앤드 푸어스(S&P)와 다우존스는 각각 14%와 15%의 수익을 올렸다. 그가 월스트리트에서 가장 성공한 펀드매니저라는 것은 논란의 여지가 없었다. 짐은 오늘날 증시에서 뛰어난 능력의 소유자로 인정을 받았으며, 그 능력을 유감없이 발휘했다.

무엇이 짐에게 그러한 동기를 부여했는지를 생각하면, 일이 별로 없는 금요일 오후에 그가 자신의 인생에 대해 이야기해 주던 때가 떠오른다. 나는 그가 기자로 활동했던 시절과 테드 번디가 여러 명의 여성을 잔인하게 살해한 플로리다 여성회관에 그가 첫 번째로 도착하여 특종 기사를 취재했던 때에 대해서도 들었다. 그가 무일푼으로 집도 없이 총 한 자루만을 갖고 버려진 차에서 잠을 자며 살아가던 로스앤젤레스에서의 삶에 대해서도 들었다. 그는 로스쿨을 다닐 때 주가를 확인하기 위해 수업 중에 어떻게 교실을 빠져나왔는지에 대해서도 말해 주었다. 또한 자신과 카렌이 물불 가리지 않고 거래하던 그의 헤지펀드 사업 초기 시절에 대해서도 이야기를 해 주었다.

가끔 짐은 기억을 더듬으며 더 상세한 이야기를 들려주기도 했다. 하루 12시간 거래용 책상에 앉아 일을 하다가 한가해지면 비밀스러운 이야기도 털어놓았다. 우리는 그를 당황하게 하는 것과 행복하게 하는 것, 그리고 과거에 그에게 큰 영향을 끼친 것들이 무엇인지 잘 알게 되었다.

그의 성장에 가장 큰 영향력을 미친 것은 부모의 경제적 지위였다. 그는 필라델피아에서 자랐으며, 한 자그마한 기업을 운영하는 사업가의 외아들이었다. 어린 시절을 이야기할 때마다 짐은 물질적으로 풍요롭지 못했던 것으로 묘사했다. 다른 아이들은 더 많은 것을 가지고 있었던 반면, 자신은 언제나 남보다 적게 가지고 있었다는 것이다. 그의 집안이 상류층이 아니었다는 사실이 짐에게는 큰 의미가 있었던 것 같다. 그는 적대적 성향을 가진 사람처럼 다른 사람과의 부의 차이를 없애고 싶어했다.

이러한 성향은 그가 대학생으로 하버드 대학 신문 〈크림슨(*Crimson*)〉

대표가 되기 위해 선거운동을 할 때 잘 나타났다. 그는 결선 투표에서 부잣집에서 태어난 엘리트로 그가 없는 것을 모두 가지고 있었던 상대 후보와 집요하게 논쟁을 했다. 짐이 최종 승자가 된 것은 그의 위대한 업적 중 하나였다. 그가 상류층에 도전했고, 그도 그들과 동등하다는 것을 입증한 셈이었으니까.

나는 짐의 이야기에서 언제나 그 자신을 입증하는 게 왜 주제가 되어야 하는지 알 수가 없었다. 하지만 언제나 그랬다. 그가 엄청난 실적을 올린 후에조차도 계속해서 노력을 게을리하지 않은 이유가 바로 거기에 있는 것 같았다.

짐은 언제나 스타가 되기를 원했다. 그는 성공을 위해 노력하다가 이루면 그에 만족하지 않고 더 큰 성공을 원했다. 돈과 권력으로는 충분하지 않았다. 그는 CNBC나 '굿모닝 아메리카'에 출연하는 것을 매우 좋아했다. 그에게는 팬들의 격려가 그와 가장 가까운 사람들이 해주는 격려보다 더 의미가 있었다. 무엇보다도 짐은 사람들의 주목을 받길 좋아했다. 2000년 말, 그는 이 목표를 추구하기 위해 월스트리트를 떠난 적도 있었다.

그는 동기가 무엇이든 싸웠다. 난 그와 같은 사람을 본 적이 없었다. 그는 무언가를 추구할 때는 무자비하다고 표현해도 될 정도였다. 그것이 그의 스타일이었다. 그와 같이 일하거나 거래를 하는 사람은 그것을 인정해야 했다. 대부분의 사람들은 결코 거래일을 '대량학살의 날'로 비유하지 않을 것이다. 그리고 그처럼 10년 이상 계속해서 시장보다 높은 수익률을 달성할 수 있는 사람도 흔치 않을 것이다. 짐 크레이머가 이 사업보다 더 중요하게 생각하는 것은 아무것도 없었다.

"우리는 전쟁 중이다. 외부의 모든 사람들이 우리의 적이다."

짐이 늘 하는 말이다.

증시에서의 최종 해답은 언제나 그해 폐장할 때 얻게 된다. 2000년에 짐은 38%의 수익을 올렸다. 나스닥이 역사상 최악의 실적을 보이고 대부분의 기관과 개인 투자자들이 최소한의 손실만 입었다고 행복해하고 있을 때, 짐 크레이머는 실적 면에서 최고의 해를 맞이했던 것이다. 노련한 천재와 헌신적인 노력이 없었다면 불가능한 일이었다.

크레이머 앤드 컴퍼니는 해마다 다른 레스토랑에서 크리스마스 파티를 열었다. 처음에는 이퀴터블 빌딩에 있는 팔리오스(뉴욕 이퀴터블 센터에 위치한, 뉴욕을 대표할 만한 호사스런 식당)에서 열었고, 맨 마지막에는 번화가에 자리한 모턴스(맛좋은 스테이크와 랍스터 요리를 전문으로 하는 레스토랑)에서 열었다. 우리는 언제나 별도의 방을 예약했다. 어떤 때는 레스토랑 전체를 사용할 때도 있었다. 시크릿 산타 놀이(Secret Santa: 상대편이 알아차리지 못하게 산타처럼 선물을 주는 놀이)도 있고 바니스 백화점의 500달러짜리 상품권도 주었다.

시크릿 산타는 우리의 기분을 들뜨게 만들었다. 각자 모자 안에 들어 있는 이름 하나를 선택하고 그 동료에게 재미있는 무언가를 선물로 주는 놀이였다. 지난 12월 우리는 테이블을 돌며 순서대로 선물을 개봉했다. 마지막으로 샐이 짐의 이름을 뽑았다. 그는 짐에게 모건스탠리의 옵션 주식중개인의 얼굴이 프린트된 골프공을 선사했다. 그 주식중개인은 여러 가지 제안을 해주었으나 그 때문에 손실을 본 적이 있었다.

"지난해 우리에게 손실을 끼친 작자입니다. 멀리 날려 보내시고 실컷 스트레스를 푸십시오."

샐이 짐에게 친절하게 설명해 주었다.

선물 꾸러미를 열어 본 짐은 큰 소리로 웃음을 터뜨렸다. 그가 눈을 감자 이마가 붉은색으로 변했다. 그는 두 손으로 앞에 있는 테이블을 내리치더니, 오줌을 쌀 정도로 다시 웃기 시작했다. 예의상 우리도 모두 그를 따라 웃었다.

"그렇게 웃겨?"

짐 옆에 앉아 있던 카렌이 낮은 소리로 말했다. 그녀의 말을 아무도 듣지 못한 듯했다.

"여보, 별로 웃기지도 않잖아!"

카렌이 이번에는 짐을 바라보며 크게 말했다.

짐이 할 수 있는 일은 한동안 조용히 하는 것이었다. 하지만 그는 그녀의 말을 못 들은 체했다.

"전혀 웃기지 않다고 말했잖아!"

카렌이 고집스럽게 말했다.

"왜 안 그렇다는 거지?"

짐이 카렌을 똑바로 쳐다보며 물었다. 우리는 순간 긴장했다.

"그 사람, 그렇게 나쁜 사람 아니야."

카렌이 대답했다. 물론 카렌은 엠마를 임신해서 그만둔 후에도 우리와 거래하는 사람들과 해고된 사람들 대부분을 알고 있었다.

"옛날에 당신 친구였잖아. 그것도 아주 친한 친구였는데."

그녀는 이어서 말했다.

"여보, 사업 때문에 우정도 다 버릴 작정이야?"

"물론이지."

짐이 천연덕스럽게 대답했다.

카렌과 짐은 이 문제로 거의 한 시간 가량을 다투었다. 그들이 자리로 돌아오자 우리는 다시 시크릿 산타 놀이를 계속했다. 그날 저녁 늦게 짐은 카렌을 달래기 위해 온갖 노력을 다 해야 했다. 그는 새해의 각오를 다짐하며 축배를 들었다.

"여러분에게 할 말이 있습니다. 매우 중요하니 모두 잘 들어 주시기 바랍니다. 올해는 적이 없는 해를 만들겠습니다."

짐이 말을 마쳤다. 한동안 아무도 입을 열지 않았다.

제프가 먼저 미소를 지으며 제안했다.

"완전히 적이 없기를 기대하는 것보다 적의 수를 제한하는 게 더 좋을 것 같은데요."

"없어야 합니다!"

짐이 반복했다.

"이를 입증하기 위해 내가 실패하면 이 방 안의 모든 사람들에게 1000달러씩 주겠소."

파티가 있고 10일이 지났을 때였다. 증시가 열려 있는 시간에 복사기를 고치기 위해 기술자가 사무실에 왔다. 기계를 고치느라 소음이 나자, 이것이 짐을 화나게 만들었다. 그는 참으려고 했지만 그 참을성이 1분도 채 가지 않았다. 그는 의자에서 일어나 그 기술자에게 갔다.

"죄송합니다만 우리가 혹시 잘못하는 게 있습니까?"

짐이 물었다.

"아니오."

그가 간단히 대답했다.

"확실한가요? 우리가 전혀 피해를 준 게 없다는 거죠?"

짐이 가까이 다가가며 재차 물었다.

"네."

기술자는 그와 거리를 두려고 약간 물러나면서 반복해서 대답했다.

"제가 당신을 방해하길 원치 않기 때문에 당신도 우리가 수억 달러를 거래하는데 방해하지 않았으면 좋겠다는 거요."

짐은 말을 끝내자마자 복사지 트레이를 들어올려 복사기 위에 내리쳤다. 플라스틱 조각이 온 바닥에 흩어졌다.

돈을 버는 것보다 더 중요한 것은 없었다. 그것이 그의 각오였고, 또한 결과적으로 나의 각오이기도 했다. 나는 그가 가르친 게임을 배웠고, 그것을 쟁취하기 위해 모든 수단을 강구했다. 나는 짐 크레이머를 모방했고 우상화했다. 그를 위해 전쟁터에 나갔다.

하지만 월스트리트 어디에선가 나는 그 열정을 잃어버렸다. 1998년 초, 나는 내게 무슨 일이 일어나는지 거의 알지 못한 채 혼란에 빠졌다. 그러한 환경 속에 머무는 것을 합리화하고 있는 내가 무언가 큰 손실을 보고 있는 듯했다. 매일 아침 출근할 때마다 걱정이 엄습했다. 무형의 무언가가 나를 두려움에 빠뜨렸다. 밤에도 수면제를 먹어야 잠이 왔다. 깨어 있을 때도 정신이 맑지 못했다.

어느 날, 내가 다짐했던 각오가 더 이상 내가 실천에 옮겨야 할 각오가 아니라는 것을 깨달았다. 과거의 결정이 충동적이었던 것처럼 느껴졌다. 그렇다고 거래를 하고 있는 중간에 떠나는 것도 옳은 일은 아니었다. 하지만 나는 충분히 이곳에 오래 머물렀다고 생각했다.

1994년 겨울, 내가 크레이머 앤드 컴퍼니에 처음 출근했을 때 있던 거래자들 중에 지금까지 남아 있는 사람은 한 명도 없었다. 마크는 결국 강제로 퇴출되었다. 그는 결코 자신의 실수를 다른 사람에게 떠넘기려고 하지 않았다. 그것이 그를 몰락의 길로 이끈 것이 분명했다. 샐 역시 회사를 떠났다. 짐의 말에 항상 맞장구쳐 주었지만 그것이 그를 구제해 주지는 못했다. 마지막으로 떠난 사람은 클라크였다. 회사에서 늘 말없이 죽어 지내던 것이 회사를 떠나게 된 주된 원인이라는 것을 그는 알고 있을 것이다. 현재 유일하게 남아 있는 직원은 제프다. 그는 지금 완전히 새로운 팀과 함께 일하고 있다.

이 이야기를 쓰고 있는 이 순간에도 일부에서는 나를 실패한 사람으로 여긴다. 나는 내가 강했어야 했을 때 약했다. 그것이 마티 아저씨를 실망시켰다. 때때로 내가 짐을 실망시켰는지 의아해할 때가 있다. 그렇지 않았다면 짐도 내가 그랬듯이 회사를 결코 떠나지 않았을지도 모른다.

회사에서의 마지막 해를 회상해 본다. 나는 며칠 전부터 아침 출근할 때면 택시를 잡을 수 있을 것인지 두려워하고 걱정하곤 했다. 매일 아침 나는 집의 출입문을 자물쇠로 채웠다. 하지만 지하철역까지 걸어오다 보면 제대로 잠갔는지 늘 걱정이 되었다. 어느 날은 확인하기 위해 세 번이나 집으로 되돌아간 적도 있었다. 어느 때는 증시가 개장할 때쯤이면 오른쪽 눈꺼풀이 경련을 일으키곤 했다. 약도 정신과 의사도 별 도움이 되지 않았다.

어느 날 저녁, 집에서 증시 데이터를 보며 컴퓨터 앞에 앉아 있었다. 나는 백지를 꺼내 글을 쓰기 시작했다. 풋내기로서 꿈과 야망을 가지고 월스트리트에 온 한 젊은이에 대한 이야기였다. 그가 일하던 헤지펀드에는 남보다 항상 앞서가기 위해 무슨 일이라도 하는 파트너가 있었다. 그는 증시의 수익률을 따라잡기 위해서는 살인이라도 저지를 인물이었다. 성공을 위해서는 무엇이라도 할 각오가 되어 있는 사람이었다.

몇 개월 동안 나는 매일 저녁 퇴근 후 아파트에 돌아가서 이 글을 썼다. 잠이 적었던 탓에 새벽 2시나 3시까지 글을 쓸 수 있었다. 그때는 내가 이 글을 쓰게 된 동기를 몰랐다. 하지만 글을 쓰는 게 내 마음을 편안하게 만들었다. 몇 년이 흐른 지금, 나는 그러한 노력을 기울인 것을 위안으로 삼고 있다.

오늘날 나는 짐 크레이머 때문에 많은 사람들이 이 책을 읽고 있다고 생각한다. 하지만 이 책은 꼭 그를 대상으로 쓰여진 것만은 아니다. 나는 요즘 건강을 회복해서 신경안정제를 복용하고 있지 않다. 죄의식도 사라지고 전쟁의 상처도 아물어 가고 있다. 최근에는 어머니와 오후 시간을 같이 보내고 있다. 증시에 관해서는 일절 신경을 쓰지 않는다. 베스와의 사이에는 딸을 하나 두었다. 가족과 함께 시간을 보내는 것보다 더 좋은 게 어디에 있을까? 나는 새 직업을 찾고 있다. 하지만 당분간은 여유를 가지고 쉬고 싶다.

옮긴이의 말

이 책은 실화를 바탕으로 뉴욕 증권가에서 실제로 일어난 일들을 적나라하게 보여주는 폭로성 작품이다. 시중에 나와 있는 주식투자 이론이나 방법론을 다루는 대부분의 주식 관련 서적들과는 사뭇 다르다. 일반인들은 이 책을 통해 증권가의 배후에서 어떠한 일이 일어나고 있는지 잘 알게 될 것이며, 증권업에 몸담을 직장인이라면 증권계의 실상을 보다 더 자세히 알게 될 것이다.

월스트리트에서 성공하겠다는 꿈을 갖고 있던 이 책의 저자 니콜라스 마이어는 잘 아는 아저씨의 소개로 1994년 1월 뉴욕 월스트리트에 소재한 헤지펀드사인 크레이머 앤드 컴퍼니에 입사하여 5년간 근무하면서 증권가의 메커니즘에 대해 많은 것을 배우게 된다. 그와 함께 일하는 사장 짐 크레이머는 투자자들로부터 끌어들인 수억 달러의 투자 자금을 운용하면서, 초단타 매매로 큰 수익을 올리는 월스트리트의 거물이었다.

크레이머 앤드 컴퍼니의 모토는 '빠른 분석과 끊임없는 거래'다. 짐 크레이머는 작은 차익이라도 있으면 매매로 수익을 챙겼다. 남보다 한 발 앞선 정보를 이용하여 일반투자자들이 살 때 팔고, 팔 때 샀다. 애널리스트와 주식중개인과 그는 공생 관계였다. 그가 엄청난 중개수수료를 지불하기 때문에 그에게는 최우선적으로 최신 정보가 제공되었고, 일반투자자들이 언론을 통해 정보를 입수할 때쯤이면 그는 벌써 손을 쓴 후 수익을 챙길 준비가 되어 있었다. "루머에 사고 뉴스에 팔아라(Buy the rumor, sell the news)"라는 증시 격언을 다시 한 번 상기시켜 주는 대목이다.

짐 크레이머는 월스트리트를 하나의 전쟁터로 보았다. 그는 수익을 챙기기 위해서는 수단과 방법을 가리지 않았다. 돈을 버는 일이 법과 윤리를 앞섰다. 이 책의 저자와 그를 위해 일하는 직원들은 사무실에 들어서는 순간 자신의 존재를 잊어버려야 했고, 그가 주인공인 무대에 설치된 하나의 소품에 지나지 않았다. 그는 거의 모든 일을 자신의 판단에 따라 결정을 내렸다.

그는 적극적이고, 배짱 두둑하며, 집요한 데가 있었지만 직원들에게는 너무 독선적이고, 폭력적이며, 욕설도 마다않는 과격한 성격의 소유자였다. 그의 이러한 성격은 직원들에게 엄청난 스트레스를 주었다. 사소한 실수도 용납되지 않았다. 그의 이런 완벽주의는 1998년 미국 증시와 국제 증시가 장기적으로 폭락을 거듭하면서 최악의 상황에 이르게 되었다. 손실이 눈덩이처럼 불어나면서 투자자들이 자금을 회수하기 시작한 것이다. 증시가 불황일 때 일반적으로 투자를 중지하고 관망하는 게 정석임에도 불구하고 그는 자신만 믿고 거래를 계속했다.

결국 짐 크레이머뿐만 아니라 직원들 대부분이 항우울제와 신경안정제를 복용해야 할 정도에 심한 스트레스에 시달렸다. 이 책은 이러한 생활에 환멸을 느낀 저자 니콜라스 마이어가 회사를 떠나면서 끝을 맺는다.

이 책의 번역을 마치고 나서 나는 한 조직의 지도자의 위치가 얼마나 중요한 자리이며 한 개인으로서 지나친 고집과 과욕이 어떠한 결과를 초래하는지 새삼 깨닫게 되었다. 저자는 월스트리트를 떠나면서 탐욕이 난무하는 그 세계의 실상을 여과 없이 밝힘으로써 그곳에 종사하는 사람들 스스로 자성의 기회를 갖기 바랐을 것이다. 그리고 개인적으로 혐오감을 갖게 된, 특이한 성격을 지닌 제임스 크레이머와 같은 사람이 존재한다는 것을 세상에 알리고도 싶었을 것이다. 역자가 보기에는 그들 모두 물질 만능 사회가 만들어낸 불가피한 산물이 아닌가 싶다. 이 글은 미국 증권가를 무대로 하고 있지만 우리 사회 어디에선가도 일어나고 있을 법한 이야기다.

2007년 12월

김기준

월스트리트에서
가장 성공한 펀드매니저

초판 1쇄 찍은날 : 2007년 12월 24일
초판 1쇄 펴낸날 : 2007년 12월 30일

지은이 니컬러스 W. 마이어
옮긴이 김기준
펴낸이 최윤정
펴낸곳 도서출판 나무와숲

등 록 22-1277
주 소 서울특별시 송파구 방이동 22 대우유토피아 1304호
전 화 02)3474-1114
팩 스 02)3474-1113
e-mail : namusup@chol.com

값 12,000원
ISBN 978-89-88138-89-9 03320